危ない住基ネット

臺 宏士 著

緑風出版

危ない住基ネット●目次

危ない住基ネット

はじめに

十一ケタの狙いは何か

ウシは十ケタ。ヒトは十一ケタ――。

これは、住民基本台帳ネットワークシステム（住基ネット）に反対する市民グループが二〇〇二年八月五日の稼働中止を求める運動につけたキャッチフレーズだ。

二〇〇二年度から、海外からの輸入牛も含めて国内にいるすべてのウシには「個体識別番号」がつけられることになった。ウシを生涯唯一不変の番号で識別・管理して、移動履歴を把握することが狙いだ。二〇〇一年九月に国内で初めて確認されたBSE（牛海綿状脳症、いわゆる狂牛病）対策の一環として導入が決まった。

生・死亡年月日や、性別、母牛の個体識別番号や品種など九情報（輸入牛は、母牛情報の代わりに輸出国や輸入年月日など三情報が加わり十一情報となる）を家畜改良センター（福島県西郷村）に設けた家畜個体識別センターが約四五〇万頭分をコンピューターでデータベース化した。

いわばウシ版の住基ネットだ。一〇月からはインターネットでだれでも閲覧できるようになった。

さらに、ウシの両耳には、番号を記した耳標を装着した。両耳にしたのは、何らかの理由で外れてしまうことも想定したらしい。あるウシがＢＳＥに侵されていることが分かったとしよう。これまでは、そのウシがどういう経路でそこで飼育されているかを突き止めることに、多くの時間と手間を要した。しかし、番号があれば、それを手がかりに母牛からさらにその母牛まで簡単に情報を収集できる。調査中にも広がるかもしれない感染被害を食い止められるようになる、という。

一方、ヒトには十一ケタの番号が割り当てられることになった。ヒトには、耳標はないが、代わりにＩＣカード（メモリー・マイクロプロセッサーなどのＩＣ＝集積回路やＬＳＩ＝大規模集積回路を内蔵して、情報の記憶や処理機能を持つカード）の住民基本台帳カードを持たせることにした。

図らずも同じ時期に、似たようなシステムがスタートしたことから、住基ネット反対運動のスローガンはそれを皮肉ったものだ。それでは、ヒトに番号をつけることには何のメリットがあるのか。総務省は住民票の写しを全国どこの市区町村でも取ることができるようになる、という。ＩＣカードを使えば、引っ越しの際、一部の手続きも省略できるという。これが、生まれてから死ぬまで一生、ストーカーのようにつきまとわれることになる番号と引き換えに得られるメリットなのだ。

しかし、そんな総務省の言い分をそのまま額面通り受け止められるわけがない。

多くの国民は「政府にはきっと隠した狙いが別にあるに違いない」と思っているのだ。

台湾でもICカード化を断念

「台湾（中華民国）でも身分証のICカード化を断念したようだ。調査に行かないか」――。

二〇〇二年九月中旬、知人に誘われて行ってきた。

主な訪問先は、戸籍を管理する法務省や住民登録制度を所管する総務省に当たる行政院内政部と、台北市政府（台北市役所）。それに、ICカード化に反対した市民グループ「反国民カード行動連盟」のリーダーの一人、黄文雄・台湾人権促進会顧問（総統府国策顧問）ら。

「台湾でも」と書いたのは、韓国でも住民登録証のICカード化が計画されたが、政府によるプライバシー侵害が懸念され、市民の反対運動が起きるなどして、導入を断念していたからだ。この点については、第二部Ｃｈａｐｔｅｒ3で詳しく書いた。

台湾の住民登録制度は、日本では余り紹介されておらず、韓国に比べて情報量が少ない。やや長くなるが台湾の住民登録の仕組みについて少し触れたい。

台湾では、一四歳になった国民を対象に、紙にプラスチック加工した「中華民国国民身分証」＝第三部の表紙参照＝を発給している。政府は、変・偽造防止を兼ね、ICカード化して、これを健康保険証、運転免許証、さらにクレジットカードや銀行のキャッシュカードといった民間分野での利用もできる多目的カード化する計画を密かに進めていた。

台湾では一九九五年に台北、高雄市で戸籍登録の電算化が完成。一九九七年に全国ネットワーク化が出来上がった。こうした電子政府化とＩＣカード化構想というのは結びつきやすいらしい。特に、戦前に日本が植民地支配し、世界でも異例な「家」を単位として国民を管理する戸籍制度を敷いた国にその傾向が強いようだ。

ところが、この計画は、事業を政府から受注したい企業グループサイドから漏れて国民の知るところとなり、反対運動に火がついた。一九九八年のことだ。日本では、改正住民基本台帳法案が国会に提出された時期だ。反対の声は大きくなり、ついに政府は国民身分証を多目的カード化しないことを約束せざるを得なかった、という。

内政部戸政司の劉明堅司長は「個人情報が分かってしまうのではないか、という国民の心配がある。ＩＣカード化はしない」と言い切った。

政府が国民に交付する身分証（総務省は日本の「住民基本台帳カード」も運転免許証と同様に公的な身分証明に利用できるようにすると言っている）は、韓国、台湾でも放棄した。日本だけがＩＣカード化に、ひた走ることになる。

危ない住基ネット

「人間がやることだから、一〇〇％間違いないということは言えない。細心の注意を払いながら、八月五日実施に向けて準備を進めていきたい」

これは小泉純一郎首相が二〇〇二年七月一七日の党首討論の場となった「衆院国家基本政策委員会合同審査会」で民主党の鳩山由紀夫代表の質問に対して行なった答弁だ。

科学技術の進歩は、人間の社会生活の向上を支えてきたのは間違いない。

しかし、「人権の世紀」といわれる二一世紀も引き続き同じだと言えるのかどうかは疑問だ。

原子力発電所の運転をめぐる相次ぐ事故は、政府が唱える安全神話を激しく揺さぶり続けてきた。その延長線上に、二〇〇二年九月に発覚した東京電力をはじめとした電力会社などによるトラブル隠しがあると思う。原発が、もはや人間の手には負えない巨大技術であることを象徴していると言えないだろうか。

「いま、思えば原子力発電というのは発明してはいけなかった技術の一つだったかもしれない」

このニュースに素朴にそう感じた人も少なくないはずだ。

住民基本台帳ネットワークシステムにも同じような危惧を抱いている。

一億人を超える国民を瞬時に把握できる技術は、一つ利用を誤れば国家がパーフェクトに一人一人を監視できる社会の基盤システムとなり得る。

人間の手に負えない巨大技術と、暴走した権力が結びついた社会ほど二一世紀にふさわしくないものはない。

「なぜ、日本は隣国の選択を学ばず、あのとき住基ネットをスタートさせたのか。非常に悔やまれる」

住基ネットが稼働してしまったいま、将来の日本人が二〇〇二年をこう振り返ることがないよう、ひたすら祈るしかないのだろうか。

いや、そんなことはない。小泉首相の言うとおり、間違いを犯さない人間などいないのだ。

いまからでも遅くない。政府には住基ネットを廃止する決断を求めたい。

二〇〇三年八月には、住民基本台帳カードの交付が始まり、住基ネットは完全稼働する。

住基ネットが孕んでいる問題を一緒に考えたい、と思う。

1

住基ネットとは何か

住民票コード通知票

・[redacted]
昭和2[redacted]年　1月　2日生　男　住民票コード　[redacted]０７[redacted]６４９[redacted]６８６

・[redacted]
昭和2[redacted]年　1月　1日生　女　住民票コード　４[redacted]３２３[redacted]１６５５[redacted]

以下余白

住民票コードは上記のとおりですので通知します。
平成１４年　8月　5日
川崎市多摩区長　鈴木　鐵

川崎市区長印

お　知　ら　せ

○　住民票コードは，住民基本台帳法の規定に基づき，住民登録された住民の皆様に記載されるものです。

○　住民票コードは，11桁の数字からなっていますが，個人を特定するような情報は一切含まれていません。

○　住民票コードは，申請により変更することが可能です。なお，番号を選ぶことはできません。

○　住民票コードは，引越しの際に市町村の窓口で必要となり，また，国や都道府県等の公的機関への各種申請等に必要となる場合があります。

○　民間の事業者が，住民票コードを聞いたり，書面等に書かせることは，住民基本台帳法で禁止されています。

○　もし，民間の事業者から，住民票コードの告知を執ように求められた場合は，市民局地域生活部区政課又は神奈川県企画部市町村課（０４５－２１０－１１１１内線３１８３・３１８７）まで御連絡ください。

○　**この通知票は大切に保管してください。**

※この通知票は，平成14年８月５日時点で住民登録のある方について作成したものです。

・この通知票について，御不明な点がありましたら，表記差出課又は区政課まで御問合わせください。

市民局地域生活部区政課
０４４（２００）２５５０

裏面も御覧ください。

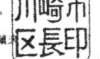

Chapter 1

住基ネットとは何か

国民全員の個人情報をコンピューターで一元的に管理し、行政事務に活用する「住民基本台帳ネットワークシステム（住基ネット）」が二〇〇二年八月五日、動き出した。日本は、国民一人ひとりに強制的に割り当てた十一ケタの住民票コード（番号）を手がかりに、さまざまな個人情報を容易に収集、管理できる「国民総背番号制」への道を歩み始めた。「世界一のIT（情報技術）大国」の大号令は、国家によるプライバシー侵害を懸念する国民の声をかき消しながら、「国民監視国家」への第一歩を踏み出したのだ。

氏名、住所、生年月日、性別などの国民の個人情報を世界に類例を見ないほどリアルタイムに正確に把握し、国民と国民以外を確実に識別できる基盤が整った。住基ネットは政府が収集したそのほかの情報と結びつきながら、いつでも国民を丸裸にできる、電子監視社会の主役となるのは間違いない。

イギリスのSF作家、ジョージ・オーウェルが近未来小説『一九八四年』（一九四九年）で描いた超管理国家の出現は、決してフィクションではなくなっているのだ。

住基ネットとは何なのかを検証した。

住基台帳を基に本人を確認

住民基本台帳ネットワークシステムについて考える前に、まず住民基本台帳とは何かということから説明したい。

各地方自治体は、住民基本台帳法（一九六七年七月制定）で、氏名や生年月日などさまざまな住民情報を記載した住民基本台帳の作成を義務づけられている。住基台帳は、選挙権を行使するための選挙人名簿の作成や、国民年金、児童手当の給付や介護保険、国民健康保険への加入、地方税の課税など本人確認を要する行政サービスに利用する基本情報となっている。

また、住基台帳の重要な役割に「公証」というのがある。

住民が確かにそこに居住しているということを公的機関が証明してくれるわけだ。

住民票の写しは、パスポート、運転免許証の交付を受ける際に必要な公的書類としてのほか、金融機関から融資を受けるときや、マンションや家を借りるときなどに契約に必要な書類として提出を求められるなど民間分野でも広く活用されている。

住民基本台帳法による住民登録制度の是非は別に置いて考えると、行政機関が本人だとお墨付きを与えているのだからなりすました第三者ではないだろう、という信用力の高い社会的な制度として定着している、と言えなくもない。

実は、住民票コードを振るまでもなく各市区町村は、住民基本台帳に便宜的に登録番号を振って、既に行政事務に利用している。

しかし、あくまで個別の市区町村ごとに付番し、内部だけで限定的に利用されている事務処理用の番号に過ぎない。例えば、三〇〇人しかいない村であれば住基台帳の登録番号は三ケタしか必要ないわけだ。

住民票コードと異なり、こうした番号は自治体が異なれば同じ番号を持つ住民は限りなくいる。「一」番は全国に何人もいるだろうが、それでも自治体が住民に行政サービスを提供していくうえでは何の不都合もなかった。

一九七〇年代には、この住民基本台帳に記載された住民情報をコンピューターで処理して、事務の効率化を図ろうという行政事務の電算化が全国の自治体で進行した。

個人データを大量に蓄積し、加工や移転が容易なコンピューター処理は、事務の効率化が見込まれる半面、自分の情報に対するコントロール権が十分、制度的に確立されていない中では、行政機関による不当な利用に歯止めをかけることが難しく、重大なプライバシー侵害を引き起こしかねない。当時は自治体職員の労働組合を中心に全国的な反対運動にまで発展し、東京都杉並区や中野区ではコンピューターの区役所への搬入を実力で阻止しようという運動まで起きた。

住民情報の電算化に対しても大きな問題点が指摘される中で、住基ネットは、全国の自治体のコンピューターをネットワークで結び、しかも、国の利用までも認めてしまっている。

プライバシー侵害の危険性は、かつて住民基本台帳データを電算化した際の比ではない。

警察官僚出身の平沢勝栄・衆院議員（自民、東京一七区）でさえ、こう懸念する。

「警察でも犯罪手口や犯歴などさまざまなデータベースを持って、住基ネットよりもはるかに手厚い保護措置を講じているが、それでも漏洩を完全には防げない」

警察幹部には職務上、個人情報を公にされたくないと考える人が多い。だから、警察内部にはこの住基ネットに懸念を示す意見は少なくないと言うのだ。

住基ネットとは何なのだろうか。

メリットは本当にあるのか

住民基本台帳ネットワークシステムは、すべての国民に重複しない〇～九までの十一ケタの住民票コードを強制的に割り当て、住民基本台帳に記載された、①氏名、②性別、③住所、④生年月日、⑤住民票コードと、⑥それらの変更期日などの付随情報——の六件の個人データを、都道府県や市区町村を結んだコンピューターネットワークを使って管理・利用するシステムだ。

総務省がアピールするメリットは、大きく分けて二つある。

一つは、国や地方自治体などが行なう行政事務の効率化だ。

恩給の支給や雇用保険、不動産鑑定士や宅地建物取引主任者の登録など本人確認を必要とする一〇省庁の九三件の事務に利用することで、住民票の写しの提出が省略でき無駄が省けるというもの。九三事務には、恩給の支給（総務省・都道府県知事）、地方公務員の共済給付の支給（地方公務員共済組合）、国家公務員の共済給付の支給（国家公務員共済組合連合会）、労働者安全衛生関係の免許試験・登録（厚生労働省）、雇用保険の支給（厚生労働省）、建設業の許可（国土交通省・都道府県知事）、建設業の監理技術者資格者証の交付（指定資格者証交付機関）、建築士の免許（国土交通省・都道府県知事）――などがある。

具体的に利用する国や機関や法人とは、総務省▽地方公務員共済組合▽地方議会議員共済会▽地方公務員共済組合連合会▽地方公務員災害補償基金▽国家公務員共済組合連合会▽日本私立学校振興・共済事業団▽文部科学省▽厚生労働省▽雇用・能力開発機構▽農林漁業団体職員共済組合▽国土交通省▽気象庁――などだ。国は民間分野には利用させないと言っている。

もう一つは、住民サービスの向上だ。

住民票の「広域交付」と呼ばれるもので、住民は、市区町村が発行するＩＣカード「住民基本台帳カード」（住基カード＝記憶容量一万六〇〇〇文字以上、新聞一・三頁に相当）を利用すれば、居住地以外の自治体で住民票の写しが取得できるようになる、という。

例えば、首都圏近郊の居住者が勤務先の東京都千代田区や新宿区の役所で休憩時間を利用して取得することができる。

また、住基カードの所持者は、引っ越し手続きを転居先の自治体だけで済ませるサービス「転入転出特例」が受けられる、という。開始は、いずれも二〇〇三年八月だ。

ただし、天皇など皇統譜で管理され、住民登録制の対象外となっている皇族や、外国人登録法で別に把握される住民には適用されず、番号は付けられない。

日本では、電子政府や電子自治体のメリットは皇族や外国人は受けることが出来ない仕組みになっている。こうした人々も納税者であり、その受益を受ける権利はあるはずだ。ところが納税者でもなく、年金の給付や公的資格制度とは縁の遠いはずの赤ちゃんにまで電子政府への参加資格を与えるというのは過剰な行政サービスとは言えないだろうか。

では、どの程度の効果があるのだろうか。総務省は住基ネット導入に伴う効果を金額換算している。

総務省によると、年金受給者の約三五〇〇万人が生存しているかどうかの確認のために毎年、現況届の提出を求められるが、住基ネットによって当面は約五〇〇万件についてその提出が省略できることになるという。また、住民票の写しについても五〇〇万件について公的書類の提出の際、その添付が不要となるという。

一九九九年に政府が国会に示した試算によると、転出入関係の手続きの簡素化・迅速化で約三二億円の節約。住基カードを利用して市内の主要場所に設置される住民票の写しの自動交付機の利用など広域交付の実施による手続き時間の省略で九九億円の財源軽減ができるとなっている。また、住民票の写しの交付が省略されることで役所に行く必要がなくなるので、その手続き時間の節約で一三七億円など、毎年約二七〇億円の住民負担の軽減が生まれると試算している。

一方、地方自治体では、恩給や共済年金などに関する証明事務、各種資格試験などに関する住民票の写しの発行が不要になることで、年約一〇〇〇万件の事務軽減があり、約六〇億円の節約効果がある、という。また、市区町村における転入転出事務の簡素化などの効率化メリットで約五〇億円の節約になる。さらに住基カードを活用した施策の基盤整備を形成する節減の効果が、一〇〇億円になるとみている。地方自治体関係で合計二一〇億円の節約効果が生まれる、という。これに関連して、国の行政機関でも恩給や年金受給者や申請者に関する本人確認事務の効率化で三〇億円の節減を見込み、国、地方を合わせた節減効果は二四〇億円という

こうした住民と行政機関の節減効果を合わせると計五一〇億円に達するという。

これに対して、年間の運用にかかる経費は二〇〇億円。差し引き三一〇億円の経済効果があるという。本当なのだろうか。

実は、この数字にほとんどの地方自治体は懐疑的だ。

それは、個別市区町村ごとに積み上げた試算値ではないうえ、転入届の約半分が住基カードを使用した特例手続きと仮定しているなど、その計算自体が過大利用を見積もっているのではないか、という疑いが拭えないからだ。ある自治体の住基ネット担当者は「こんな数字を真に受ける担当者はいない」と言い切っていた。

さらに、重要な点で、総務省が説明をあえて怠っている疑いさえある大きな〝欠点〟について指

■住民基本台帳ネットワークシステムの構成図■

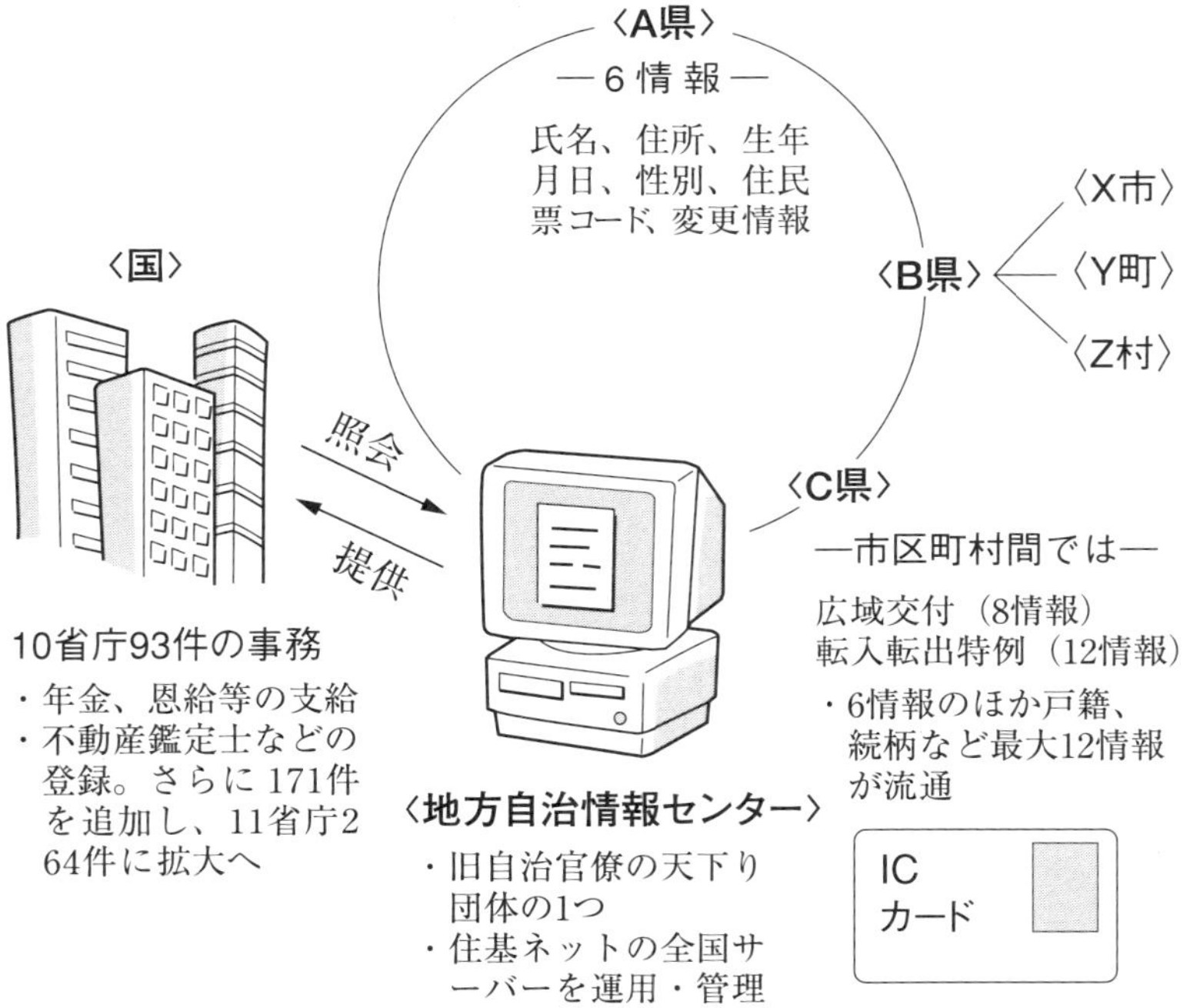

●罰則●

・守秘義務違反（2年以下の懲役または100万円以下の罰金）
・目的外利用は禁止されているが罰則はない

摘しておきたい。

それは、広域交付で発行された住民票の写しには本籍地の記載がない。プライバシーに配慮したためだが、このため、利用の多いパスポートや運転免許証の取得申請には使えないということだ。

地方自治体は、広域交付による利用増を図るため、このパスポートや運転免許証の取得申請に関しては使えるよう総務省へ強く要望している。しかし、外務省は「国籍確認に本籍地が記載されている住民票の写しは欠かせない。見直す考えはない」との立場だ。

運転免許証に関しては、「警察庁に理解を求めるのは困難だ」（総務省）といい、総務省内には警察庁に対して交渉に乗り出す気配さえない。

この二つが利用できなければ、住民のメリットは半減してしまう。

それ故、国の事務といってもその内容は公益性というよりも恩給や雇用保険など国民個人の経済的な利益に関する事項がほとんどだ。

ある自治体の担当者は「一生に何度取得するか分からない住民票の写しの取得を便利にするために、毎年すべての国民が維持費として二〇〇円も負担する必要がなぜあるのか」と怒っていた。

住民票の写しの需要はどれほどあるのかわからないが、役所が権限拡大を図る口実に利用している側面があることは否定できない。

こう見ると、大して便利ではなさそうだという印象は拭いきれない。

さらに、住基カードを使えば、引っ越し手続きが一回で済むといわれているが本当だろうか？

どうもそうではないらしい。

「転入転出特例」も、決められた様式の転出届を転居先の自治体に事前に郵送しておく必要がある、という。現在でも転出入の手続きは、郵送でも可能なことから、省略メリットは大差ないといわれる。

しかも、住基カードは転入先自治体が転出元の自治体に返却する必要があるため、住民は引っ越すたびごとに手数料を支払って住基カードを新たに発行してもらわないといけない。住民は新たな負担を強いられる。

全国での転入・転出届の件数は、年間四〇〇万件から五〇〇万件と見積もられている。その何割が、特例手続きに移行するかは未知数だが、法律で住基カードを転出元の自治体に返却することに決められているため、新カードの発行負担、旧カードの返却事務など転出先の自治体には、逆に新たな事務が発生することになった。

このように行政事務の効率化と住民メリットについての総務省の説明には、重大な落とし穴がある。総務省は肝心の点の説明を意図的に隠しているのではないか、と疑いたくなる。

初年度投資額は五五五億円

それでは、住基ネット構築には、一体いくらかかるのだろうか。

実はこういう基本的な数字もはっきりせず、総務省の試算はくるくる変わっている。

一九九九年の国会答弁では、構築に約四〇〇億円、運用に年間二〇〇億円と説明していた。それが同年末になると構築費は、約六二四億円、運用費が二一八億円に変更され、二〇〇一年度では構築費が三二〇億円に、運用費が一八〇億円になった。二〇〇二年度に入った最新の数字では構築に三六五億円、運用に年間一九〇億円という。

住基ネットは地方自治体が行なう固有の「自治事務」とされている。このため、自治体は住基ネットにかかる費用は自分で賄う必要がある。

しかし、実際には総務省は、住基ネットの構築に必要な標準的経費については、全額を国庫で負担する方針で、二〇〇一年度に二一四億五二〇〇万円（都道府県分六一億二〇〇万円、市区町村分一五三億五〇〇〇万円）。二〇〇二年度は二五七億四一〇〇万円（都道府県分六八億三二〇〇万円、市区町村分一八九億九〇〇万円）を地方自治体に対して交付税として、財政支援している。

このため自主財源を大きく割く必要のないことから、自治体の中には「実質的には腹（自主財源）は痛まないから、取りあえず総務省の言うことは聞いておく」と他人事の事業であるという意識も強い。

これに対して、財政支援は地方交付税交付金で措置することになっている。このため結果として交付税を受けることができない「不交付団体」は、その対象から除外されてしまった。東京都や二三区など財政悪化が心配される自治体でも不交付団体である以上は、自主財源で構築・運用しなければならないのだ。全国三二七六自治体のうち七四市と東京都（二三区を含む）が不交付団体だ（二〇〇〇年度）。

特に、昼間人口が急増し、事務処理量の増加が予想される東京二三区では、住基ネットのメリットが区民よりも区外の住民に極端に高くなるのではないか、という心配が大きい。区外からの通勤者が多い千代田区では住民約四万人に対して昼間人口は約九五万人、新宿区でもそれぞれ二六万人と八〇万人になる。

こうした自治体からは「区民でない人のために自主財源を割いて構築しなければいけないのか」という不満が募った。

東京二三区区長会や特別区議会議長会は、住基ネット構築・運用を全額国庫支出で行なうよう要望書を国に提出した。

総務省も要望を受け入れ、二〇〇一年度に限って不交付団体も含め、既存の住基システムの改修費の五〇％を特別交付税として措置することになった。

総務省の試算によると、政令指定都市の平均構築費は、二〇〇一年度が二一七九万一〇〇〇円（このうち既存の住基システムの改修費は約一七〇〇万円。残りは住基ネット関連機器のリース代など）、二〇〇二年度が三三二九万一〇〇〇円という。

二〇〇三年八月の第二次稼働（住民票の写しの広域交付など）への投資もほぼ終えた二〇〇四年度からは、毎年三一〇〇万円がかかると見ている。

人口二二七万人を抱える名古屋市のケースだと、既存住基システムの改修と、機器リースで一億七九〇〇万円がかかった。二〇〇二年度は機器リース料として九五〇〇万円を見込んでいる。しかし、総務省の試算よりも構築や運用について実際にかかる経費の方が大きく、「全額国庫負担」を求める地方の要望との隔たりは、なお大きい。

既に述べたように、はっきりしないメリットのために巨額の税金がつぎ込まれようとしているのだけは間違いないようだ。

総務省は「二一世紀の行政情報化の社会的基盤」と言っているが、既にＩＴ社会における「無駄な公共事業」と指摘され始めているのは、そのためだ。

住民票コード

ところで、国民を管理する十一ケタの住民票コードだが、十ケタの番号と、その番号を特殊な計算式に当てはめた際の「答え」に相当する一ケタのチェック（検査）用の番号（ＣＤ）で構成されている。

十ケタの番号だと、約一〇〇億個の住民票コードを確保できる。

各地方自治体には二〇〇二年一月、人口の一・五倍分の住民票コードが地方自治情報センターから配布され、各自治体は番号をランダムに住民に割り当てた。同じ住民票コードを持つ国民はいない。また、一度使われた住民票コードは欠番扱いで二度と使用されない。

日本の住民票コードと同様に、住民登録番号を国民の共通番号として既に利用しているフィンランドや韓国は生年月日や地域番号、性別が分かる番号にしているが、日本の住民票コードは数字から居住地や生年月日、性別が推測できるような仕組みにはなっていない。

本人の申し出により理由を問わず、何回でも変更が可能だが、好みの番号を選ぶことはできないし、その番号の変更が記録されるため、たとえ番号を毎日替えても行政の〝追跡〟を絶つことはできない。

ところで、台湾では国民身分証番号に「四」は付けないように配慮しているという。日本と同じ「四」は「死」を連想し、縁起がよくないと考えられているためという。日本でも通知された住民票コードが「縁起が悪い」と言って、納得できるまで何度も変更していた人もいた。

単純計算だと、国民一人が一〇〇回変更すれば、住民票コードは計算上は、枯渇することになる。

この住民票コードだが、総務省は当初、法案の審議の段階では、十ケタと説明していた。しかし、「十分な番号の数を確保するため」として翌二〇〇〇年一月二八日付で省令を告示し、十一ケタに増やした。

住基法の改正が注目を集めた国会審議で、政府答弁が十ケタとしていたため十ケタと思いこんでいる人は住基ネットの稼働直前まで多かった。

住民票コードは、北アメリカの社会保険番号（ソーシャル・セキュリティー・ナンバー＝ＳＳＮ）などとは異なり、申請によって取得するものではない。自治体の長が職権で強制的に割り当てる仕組みになっている。日本では背番号が付けられることを拒否することはできない。一九世紀末の明治期以来、日本人は氏名で管理されてきたが、二一世紀からは、十一ケタの番号で識別されることになった。

住民票コードは、二〇〇二年八月五日の稼働後に居住する市区町村から「あなたは『一二三四五六七八九一二』に決まりましたのでお知らせします」などと、個別に番号が住民に通知された。住民票コードの通知方法は、基本的には、市区町村に任されている。

国は地方自治体に対して、封書にかかる郵便代に相当する一世帯当たり八〇円程度を地方交付税で支給している。多くの自治体は、世帯ごとに封書か、圧着式のハガキでの通知を行なった。

しかし、大阪市（約一一七万世帯）は住民への確実な通知を図るため郵送代が二二五円かかる「配達記録郵便」に切り替えた。差額の約一億七〇〇〇万円は、市の負担となる。また、東京都杉並区（約二七万世帯）では、親子や夫婦間でもプライバシーに配慮し、世帯ごとではなく五一万人の区民全員に個別に送ることを決めた（ただし、杉並区は八月一日に住基ネットへの離脱を決めたため、通知は行なわなかった）。福島県檜枝岐村は全二二一世帯に職員が手渡した。

一方、山形県では三川、朝日町などが町内会長を通じて通知した。名古屋市では納税通知書や市の広報紙を配布する事業を請け負っている「市通達員組合」（三五四人）に所属する非常勤職員が配った。しかし、改正住基法や地方公務員法、郵便法などでの守秘義務違反に問えない非常勤職員に重要な個人情報の配布を委託することには批判が上がった。

通知方法だけから見ても自治体間のプライバシー保護への認識には大きな隔たりがあり、全国一律の保護水準が求められる住基ネットの問題点が通知方法をめぐっても浮き彫りになったと言える。

本当に住基ネットは専用回線なのか

六件の個人データは「本人確認情報」と呼ばれている。これらのデータは具体的にはどのように扱われるのだろうか。住基ネットでは、総務省の外郭団体、地方自治情報センターが都道府県や国の機関との間に入り、都道府県を通じて市町村から提供を受けた本人確認情報を国からの照会に応じて提供する仕組みになっている。変更のあった本人確認情報は、その日のうちに市区町村から都道府県を通じて地方自治情報センターに送られる。

個人データを送信する仕組みだが、総務省は国会で「電気通信回線は専用線を使う」（鈴木正明・旧自治省行政局長兼内閣審議官）として、不正アクセスによる情報漏洩の懸念を否定し続けてきている。

しかし、この専用線という響きから個人データを流すために物理的に新たに敷設した文字通り専用の回線を連想しがちだが、実際はこれも正確ではない。

民間の電気通信事業者が提供する商用の「ＩＰ（インターネット・プロコトル）―ＶＰＮ（バーチャル・プライベート・ネットワーク）」と呼ばれるインターネットよりは、高いセキュリティーレベルを持つＩＰ網の回線を使って暗号化して送受信する仕組みだ。

総務省（旧自治省）は、改正住民基本台帳法案の国会審議の際の答弁で、「専用回線」であることから安全性を強調していた。地方自治情報センターの戸田夏生・システム担当部長も「論理上は専用線だ」と説明する。

ところが、稼働直前の七月になって、住基ネットの稼働延期を求める日本弁護士連合会（日弁連）と、総務省との間でこのＩＰ―ＶＰＮの見方をめぐって論争が起きた。

日弁連は七月二六日、住基ネットで利用される回線について、「不正アクセスを受ける可能性が大きい」との見解を発表した。

日弁連は、ＩＰ―ＶＰＮが、物理的には同じ回線を複数の情報が流れていることを指摘し、「住基ネットのコンピューターにはインターネット上の住所に当たるドメインも振られており、ネット経由での不正アクセスも可能だ」と警告した。

総務省は日弁連の会見を受けて、同日緊急会見を開催し、反論を試みた。

総務省市町村課の高原剛・住民台帳企画官は「ＩＰ―ＶＰＮは、（電話線など）公衆回線とは異なり、論理的、技術的には専用回線だ。ファイアーウオール（不審なアクセスを通過させないための機器）も導入してあり、外部からの不正アクセスはできない」と応酬した。

確かに技術的に見れば、IP—VPNを専用線網ではないとは言い切れない面もあるが、住基ネットしか使われないという〝専用回線〟という言葉から出てくるイメージとの落差は大きい。総務省は専用回線という言葉を繰り返しただけに、その意味では「騙された」という印象を持つ人々は私も含め少なくないはずだ。

セキュリティーは万全か

全国ネットワーク化されることによる情報漏洩対策など保護は十分なのか。ネットワークセキュリティー会社によると情報漏洩の九割は内部関係者の犯行だという。

日弁連が二〇〇二年六月～七月に実施した全市区町村調査（三二四一自治体、回答率四六％）では七割の自治体が民間業者に住基ネットの構築などの業務を委託していた。

実際に懸念すべき事件が相次いで起きている。

一つは、二〇〇一年二月に神奈川県横須賀市で起きた。

同市の男性職員（三七歳）＝当時＝が、住民基本台帳データを使ってメール友達の女性の個人情報を不正に入手していたことが発覚した。横須賀市の場合は約四三万六三〇〇人（二〇〇一年七月現在）だが、住基ネット稼働後は、全国民の個人情報が入手可能になり、被害規模は飛躍的に大きくなる。

横須賀市は「（職員の）プライバシー保護に関する自覚がなかった」と弁解しているが、全国に一人でも不正利用を試みた公務員がいれば、その被害は全国に及んでしまう。コンピューターネットワークを使った個人情報の蓄積と一元的な管理は、データ量が増大すればするほど、危険性は高まる関係にある。

また、一九九九年五月には京都府宇治市の住民基本台帳のデータを基にした市民約二二万人分の個人情報が外部に持ち出され、インターネットで販売される事件が発覚した。

第二部Ｃｈａｐｔｅｒ2で詳しく述べるが、この事件は市から委託された業者の下請けとして同市乳幼児検診システムの開発担当だったアルバイトが住民データをＭＯ（光磁気ディスク）にコピーして持ち出し、名簿業者に売却し、その後、ネットで売りに出された。

同市の市議ら三人が市を相手どり、一人当たり三三万円の損害賠償を求めた訴訟で、京都地裁の八木良一裁判長は二〇〇一年二月二三日、市の責任を認め、一人当たり一万五〇〇〇円の支払いを命じる判決を言い渡したのだ。

市は控訴して争ったが、大阪高裁の岩井俊裁判長は同年一二月二五日、京都地裁判決を支持し、市の控訴を棄却した。

最高裁も二〇〇二年七月に市の上告を棄却している。

もし、住民全員が訴訟を起こしたら宇治市は財政的に大きな打撃を受けることになる。それが日本国民全員になったらその損害賠償額は途方もない金額に膨れ上がる。破産する自治体も出かねない。

総務省自身も「物理的には（住基ネットの悪用は）可能だ」とその発生の可能性を否定していないのだ。

個人情報は保護されるのか

それでは、改正住基法での個人情報保護はどうなっているのだろうか。

本人確認情報を取り扱う市区町村や、都道府県、地方自治情報センターや本人確認情報を受け取った国や法人の職員に対しては守秘義務を課し、違反者には「二年以下の懲役又は一〇〇万円以下の罰金」（四二条）を科すことを規定している。

確かに、他の住基台帳の調査事務での秘密保持義務違反の「一年以下の懲役又は三〇万円以下の罰金」（四五条）や、国家公務員や地方公務員の守秘義務違反の「一年以下の懲役又は三万円以下の罰金」よりも重罰化している。

しかし、本人確認情報の提供を受けた者（例えば、国の関係機関）が「目的の範囲内」（三〇条の三四、受領者の本人確認情報の利用及び提供の制限）を理由にすれば別の機関などに対して再提供することの禁止は規定されていないし、再提供を受けた者に対する罰則も当然規定されていない。

また、住民票コードの民間利用を禁止する規定（三〇条の四二、住民票コードの利用制限等）を設けており、銀行口座やクレジットカード番号などへの民間利用を制限しているので「国民総背番号化」

の懸念を否定している。

しかし、ここで注意しておきたいのは民間分野での利用を全く認めていないわけではないということだ。例示したように共済組合など多くの民間団体が利用できる仕組みに既になっている。

しかも、住民票コードを使ったデータベース自体の構築は禁止されていない。データベースを第三者に利用させるなど他に提供した場合に限って禁止されているに過ぎない。

都道府県知事は企業が住民票コードの告知を求めるなどした場合には勧告や命令を出すことができるが、「一年以下の懲役又は五〇万円以下の罰金」を科せられるのは、知事が審議会に意見を聴いて期限を区切って出した命令に従わなかった場合に限られる。

また、行政機関が受け取った本人確認情報は使用した後に消去を義務付けた規定がないうえ、さらに住基ネットの警察の利用も法律上は制限されていない。

条例を制定すれば、都道府県公安委員会も利用が可能であるし、目的の範囲内であれば国家公安委員会が全国から住民情報を収集して利用することもできる。

総務省は「治安・警察分野での条例制定は、しないよう地方自治体には要請している」というが、制限規定はない。法的な不備は否めない。

自分の情報を保有者に開示を求めたり、訂正や利用の停止を求める権利は「自己情報コントロール権」と呼ばれ、情報化社会の進展に伴い重要な権利との認識が高まりつつある。

しかし、改正住基法では、住民は都道府県知事や地方自治情報センターに対して、開示や訂正を求めることができるだけで、利用の停止までは認められていない。さらに、情報を取得した国などの行政機関に対しては、求めることさえも認められていない。

しかし、総務省は「住基法で安全保護措置を講じている」と反論するが、見てきたように威張れた規定ではないことは明らかだ。

だから、改正住基法成立後も地方自治体から政府に対して個人情報保護の強化を求める意見が絶えないのも理解できる。

例えば、政令指定都市の一二市長が連名で二〇〇〇年八月に「住民基本台帳法にかかる個人情報保護策の充実に関する要望書」を旧自治省に提出。全国市長会関東支部も同年一〇月に同様の「決議書」を提出している。

また、東京都三鷹市の安田養次郎市長が、住基ネットの個人情報保護について「法整備は不十分。自治体の懸念や住民の不安を解消してほしい」とする要請書(二〇〇一年三月二七日付)を総務省市町村課の久保信保課長と、高原剛・住民台帳企画官宛てに提出している。

日本弁護士連合会も「『個人情報保護基本法制に関する大綱』に対する意見書」(二〇〇一年二月二日)の中で、「公的部門を対象とした個人情報保護に関する法整備が優先的に策定されるべきであり、それまで、改正住民基本台帳法は施行されるべきではない」とする意見書を採択した。

さらに、個人情報保護法案の閣議決定(同年三月二七日)、総務省の研究会による国の行政機関などを対象にした行政機関個人情報保護法の改正に関する議論の中間整理(骨子)の発表(同年七月)

を受けて、日弁連が出した「改正住民基本台帳法の施行に際し、十分な個人情報保護措置を求める日弁連会長声明」（同年九月二〇日）では、「（個人情報保護法案も中間整理の）どちらも適切な保護措置とは言い難い」と批判したうえで、「個人情報保護立法が不十分な形で成立するのであれば、多くの弊害が予想される住民基本台帳ネットワークシステムそのものを施行前に廃止することも求めざるを得ないと考える」と一歩踏み込んだ内容となった。

当然の要求だろう。

改正住基法では、衆議院地方行政委員会での法案審議の段階で、附則第一条に与党議員の修正によって第二項が加わった。

二項では、「この法律の施行に当たっては、政府は、個人情報の保護に万全を期するため、速やかに、所要の措置を講ずるものとする」とされたのである。

政府はその後、この規定に基づき、個人情報保護の法制化を進めるが、一言で表現すれば「官に甘く、民に厳しい」ものだ。

これについては第一部Ｃｈａｐｔｅｒ２で改めて、検証したい。

不安を抱く自治体

日弁連が二〇〇一年一一月に全国の三二四七市区町村を対象にした「住民基本台帳ネットワーク

システムに関する地方自治体アンケート」（回答率五六％）では、次のような結果が出た。
それによると、住基ネットについて、「住民にとってメリットがある」と考えている自治体は全体の一九％（三四二自治体）にとどまった。

最も多かった「どちらとも言えない」は六〇％（一一〇七自治体）にも上り、住基ネットの導入に、戸惑いを示している自治体の様子がうかがえる。

一方、「デメリットがある」との回答は一二％（二一九自治体）、「分からない」と「無回答」の合計は九％（一五七自治体）あった。

「メリットがある」とした自治体のうち、九二％は「住民にとって便利である」ことを理由（複数回答）に挙げたが、その一方で「デメリットの方が大きい」とした自治体の七一％は「住民のプライバシー侵害の危険性が高まる」との懸念を示した。

「今後住基ネットを進めることについてどう思うか」との質問には、賛成一五％（二八二自治体）。反対七％（一一九自治体）で、「どちらとも言えない」とする回答が六四％（一一七八自治体）に上り、導入に対する自治体の消極的な姿勢がアンケートから浮かび上がった。

不安を抱く自治体は、かなり多いのだ。

一方、自治体が住基ネットの運用をするのに当たり、総務省が定めたセキュリティー基準が告示されたのは二〇〇二年六月一〇日である。

さらに、住基ネットの事務処理要領が決まったのは七月一二日。同月二二日の仮運用の直前になって形だけはようやく整ったが、職員の習熟など八月五日の稼働に間に合うはずがない。

日弁連が七月一八日に開いた自治体職員同士の意見交換会でも、自治体間のセキュリティー対策の差が浮き彫りになった。

例えば、ある市ではネットワークに二カ所の不正アクセスを防ぐ装置を取り付けたが、別の町は一カ所だった。

総務省は「必要最低限の対策は施してある」との立場だが、現場の不安は大きく、人口五万人の市の担当者は「住基ネットは、市町村の手に負えない」と不安を募らせた。

政府は、「万全の措置を講じてある」（片山虎之助総務相）としてきたが、小泉純一郎首相は七月一七日の党首討論で「人間のやることだから一〇〇パーセント間違いがないとはいえない」と述べ、本音を漏らしたし、一貫して強気姿勢を崩していなかった当の片山総務相も稼働日が近づくにつれトーンダウンし、稼働前の最後の会見では、「本人確認情報はもともと公開されている情報だ」とまで言いだし、予防線を張り始めたほどだ。

本当に大丈夫なのだろうか。こんな発言では心配ばかりが募る。

不十分な総務省の説明

住基ネット上を流れる個人データは、国の行政機関等の九三件の事務に関しては、本人確認情報の六件だけとなっている。

しかし、住民票の写しを広域交付によって取得する際には、住民票の写しに記載するため、①氏名、②生年月日、③性別、④続柄、⑤住民となった年月日、⑥住所、⑦住所を定めた旨の届け出の年月日及び従前の住所、⑧住民票コード――の計八件の個人データが地方自治体間でやりとりされる。

転入転出特定手続きを行なう場合には、転出証明書の記載事項として①氏名、②生年月日、③性別、④続柄、⑤戸籍の表示（本籍地を含む）、⑥住所、⑦転出先及び転出の予定年月日、⑧住民票コード、⑨国民健康保険の被保険者である旨等、⑩国民年金の被保険者種別等、⑪児童手当の支給を受けている旨、⑫介護保険の被保険者である旨――の一二情報が住基ネット上でやりとりされる。

政府は、一九九九年の国会答弁でも「住基ネットでは氏名、住所、生年月日、性別の四情報がやりとりされる」と説明してきたため、思い違いをしている国会議員は非常に多い。

しかし、国の利用は想定されていないものの、二〇〇三年には住基ネット上に最高一二件の個人データが飛び交うことになる。つまり個人情報の漏洩の危険性は、一人の人間について一二件もさらされることになるわけだ。

万一、漏洩した場合は二年以下の懲役又は一〇〇万円以下の罰金が科せられる（改正住基法の四二条）。対象は、市町村や都道府県、国の職員をはじめ、都道府県知事から業務委託を受けた地方自治情報センターの職員、国や自治体から業務の委託を受けた企業の社員にまで及んでいる。罰則も国家公務員法や、地方公務員法の守秘義務違反に対する罰則（一年以下の懲役または三万円以下の罰金）を大きく上回っている。

しかし、二〇〇二年五月に発覚した防衛庁による情報公開請求者のリスト作成問題で指摘を受けたように、職員が取得した個人データを基に「苦情の多い年金受給者リスト」を作成するなどの目的外利用に対する罰則はなく、発覚してもせいぜい、国公法や地公法の服務規程違反に問える程度だ。この点に関して政府は、これまで十分な説明をしてこなかった。

このため「政府は意図的に隠していたのではないか」との疑念が生まれている。

二〇〇二年八月一二日、河村たかし衆院議員（民主、愛知一区）とともに住基ネットに反対する市民グループが総務省を訪れた際、大要次のようなやりとりがあった。

◇　◇　◇

総務省自治行政局長室で、答えるのは芳山達郎局長。

河村「住基ネットに流れるのは六情報だけではないですね」

芳山達郎「国は六情報しか蓄積しない。国とは地方自治情報センターのことだが」

河村「住基ネットに流れるのは一三情報でしょう」

芳山「一三情報（の全部）が地方自治情報センターのサーバーを経由するわけではない」

河村「でも住基ネットには一三情報が流れるということに変わりはないじゃないですか」

住民票コードの通知票を破る市民グループ＝02年8月12日、総務省前で

芳山「……」

河村「住民票コードだってそうだ。納税者番号に使いたいと塩川正十郎財務相が言っているじゃないか。納税者番号に利用するということは、会社の経理部門を使うということで結局、民間利用にも道を開くことになることを予定しているんじゃないか」

芳山「住民票コードの利用は目的が限定されている。法律にそう書いてある。民間の利用も禁止している」

河村「閣僚が実際に発言しているわけだし、総務省がそうは言ってもだれも信用はしないよ」

芳山「……」

◇　◇　◇

このやりとりでは一三情報としている。芳山氏もこれに同意しているが、続柄の数え方についての見解が河村氏と異なるとみられるだけで種類としては一二件となり、認識は一致している。

ところが住基ネットの稼働直前になっても、住基ネット上を流れる個人データの認識には総務省幹部の間にもばらつきがあるようだ。

「情報漏洩と言うが、これは四情報だ。この四情報は、いわばだれでも見られる情報なんですね。その四情報ですからね。それも、いわば公開されている情報だ。是非ご理解いただきたい」――。片山虎之助総務相は二〇〇二年八月二日の閣議後会見で、住基ネットでは四種類の個人情報しか利用されないことを強調し、情報の漏洩やプライバシー侵害との批判に応じていた。

しかし、そもそも四情報という言い方も誤りで、本人確認情報と呼ばれる個人データは六種類あることは既に述べたし、住基ネットには本籍の情報を含む一二情報が飛び交うことも見てきた通りだ。

六情報だけなら深刻な問題ではないのか

それでは、仮に六情報だけであれば片山総務相の考えているように深刻な問題ではない、と本当に言えるのだろうか。住民基本台帳の実務に詳しい江原昇氏は、こう指摘する。

江原氏は、東京都練馬区の担当者でもあり、住基ネットの問題点を粘り強く指摘してきた一人である。練馬区改正住民基本台帳法問題研究会（三谷幸雄代表）のメンバーとして二〇〇〇年一月には「改正住民基本台帳法資料集」（ほんコミニケート編集室）の出版にかかわった。同書は改正住基法を批判的に分析した解説書としての評価が高い。

「都道府県と地方自治情報センターに集約される個人情報は四情報と住民票コードだけだからプライバシー侵害にならないという議論がある。しかし、本人確認情報には変更の履歴も含まれ、一定期間保存される。提供を受けた省庁では使用後に廃棄する規定もない。住民票の閲覧では分からないデータが明らかになる。例えば、刑務所に収容されている人の住民票は、刑務所に置くこととされている。更正施設や精神病院なども同じだ。このことから前科歴や精神病歴が判明する。また、名前の変更は結婚や離婚情報と結びつきやすい」

江原氏によると、実は、地方自治情報センターには六情報だけが蓄積されるわけではないそうだ。

住基ネットの構築を進めるにつれて、このCS（コミュニケーションサーバー）の仕様は、六情報以外の法律で決まっていない個人データも入力することになっていることが分かってきた。

具体的には、氏名の「ふりがな」や、二〇〇三年から始まる住民基本台帳カード（住基カード）に関する情報（住基カードには、写真付きと写真無しの二種類がある）などだ。

例えばふりがなは、法律に書かれていない。「氏名」となっているだけだ。

総務省は「ふりがなは氏名の一部と解釈している」（市町村課）と説明しているが、そうであれば法律で明記するのが筋だろう。解釈による蓄積データの追加は、なし崩し的な拡大につながる恐れがある。

江原氏は「必要性の論理だけで次々と個人データが集約されていく可能性に道を開くものだ。将来の法改正に向けた地ならしだ」と批判する。

総務省は「六情報に限る」と繰り返してきたが、本籍や続柄といった個人情報にまで広がる可能性は本当にないと言えるのだろうか。

総務省の天下り団体が個人データを管理

「住基ネットは国が管理するシステムではない。地方自治体による共同運用システムだ」

片山虎之助総務相は「国家による国民支配だ」との批判に対して、繰り返しこう反論するが、説得力はかなり乏しい。

法律は当初からすべての都道府県知事が「指定情報処理機関」にその事務を委任することを予定していたからだ。

指定情報処理機関とは、旧自治省の天下り団体の一つ、財団法人・地方自治情報センターのことで、現在理事長を務める小林実氏も自治省事務次官経験者だ。東京・一番町の全国町村議員会館内にある総務省は、改正住基法が成立した同じ一九九九年一一月一日には、さっそくこの地方自治情報センターを指定情報処理機関に指定し、委任を各都道府県に指示した。総務省はこのセンターの監督官庁である。

本人確認情報は、都道府県知事が直接、国に提供することを法律上の原則にしている。しかし、法律は別に「都道府県知事は、総務大臣の指定する者（以下「指定情報処理機関」という。）に次に掲げる事務（以下「本人確認情報処理事務」という。）を行わせることができる」（三〇条の一〇）と定め、「指定情報処理機関」にその事務を委任できることになっている。

これに従い、すべての都道府県が同センターに委任することになった。この機関の運営費は都道府県からの交付金で賄うことになっている。

総務省は委任については、「あくまで任意」と説明するのだが、地方交付税で財源支配を受けている地方自治体が国の〝意向〟を無視して独自路線を取るなどはこの国ではあり得ない。しかし、それでも地方自治情報センターへの事実上の強制委任をめぐっては知事の間でも不満がくすぶり続けていた。

二〇〇二年九月四日に都道府県会館（東京・平河町）で開かれた知事と片山総務相との住基ネットをめぐる意見交換会。

寺田典城・秋田県知事は「住基ネットは、国民の大切な情報を預かっている。一つの会社にまかせておいて、セキュリティー上いいのか。独占会社は必ず腐ってくるものだ」と述べ、総務省のやり方を批判した。

法律上は、委任することができる、としているだけで、知事は自分の判断で地方自治情報センターへの委任をやめ、県が独自に運用することもできる。

寺田知事にはぜひ、同センターへの委任とりやめを検討していただきたい。

地方自治情報センターの問題も住基ネットの問題と密接に絡むので、若干言及しておきたい。

このセンターは、七〇年五月一日に設立された。都道府県や市町村、広域市町村圏組合などが会員となって、運営費を会費として提供している。都道府県や政令指定都市なら年会費は二〇〇万円。人口二五万人以上の市なら同四〇万円といった具合だ。

二〇〇二年九月一日現在、四七都道府県、一二政令指定都市、二三特別区、六〇四市、一〇九五町、一八八村など計二一八六団体が会員である。また、歴代理事長には、自治官僚が就くという典型的な天下り団体だ。

現在の小林理事長も自治事務次官を務めたOBだ。理事には、全国知事会の会長を務める土屋義彦・埼玉県知事、一〇人の理事のうち常勤理事の二人も役所出身者だ。

住基ネットの中核を担う地方自治情報センターは公的な色彩は強いが、あくまで公益法人の民間団体であって、行政機関ではない。

何のことはない。地方分権を推進する顔を持ち、総務省支配の批判をかわしながら、天下り団体を通して裏で糸を操る――そんな姑息な意図が浮かび上がる。

中央による地方支配の構図は依然として維持されているのだ。

住基ネットのサーバーはどこに？

ところで、一億二〇〇〇万人を超える国民全員の個人データが集められた住民基本台帳ネットワークシステムのサーバーは、一体どこにあるのか——。

サーバーを管理・運用するのは、今ふれたように東京都千代田区一番町にある地方自治情報センターだ。

しかし、その設置場所については「セキュリティー」を理由に明らかにされていない。

そこで問題提起を行なう意味を込めて毎日新聞に次のような署名記事を書いた。

住基ネット稼働を翌日に控えた八月四日付朝刊。記事は『「心臓」所在不明、安全第一と総務省だんまり　管理は民間任せ』との見出しで社会面のトップに掲載された。

◇　◇　◇

五日に稼働する住民基本台帳ネットワークシステム（住基ネット）には、一部不参加自治体の住民を除く国民の個人情報が集められる。ところが、この一億二〇〇〇万人分の情報を蓄積したコンピューターが一体どこにあるのかは、明らかにされていない。「安全の確保」を理由に総務省が公表を拒んでいるためだ。ネットに乗った国民一人一人の氏名、住所、生年月日、性別などの情報は、国民の知らない場所にあるコンピューターへと一斉に向かう。

住基ネットでは、市区町村が住民の情報を都道府県に送り、都道府県はその情報を総務省の外郭団体、地方自治情報センターが管理するコンピューターに送信する。情報はこのコンピューターで一元的に管理される。同センターは東京都千代田区にあるが、住基ネットの「心臓」であるコンピューターの場所は不明だ。所在がわかってもわからなくても、ネット上のセキュリティー管理に直接の影響はないが、総務省は「秘密保持」に神経をとがらせる。

この問題は、今年五月二二日の衆院内閣委員会でも取り上げられた。質問した河村たかし衆院議員（民主）によると、二〇〇一年一一月に完成した納税者の個人データを集中管理する国税庁の「国税総合管理（ＫＳＫ）システム」のコンピューターは、埼玉県朝霞市に置かれる。河村氏は実際に行ってみたという。納税データは、住基ネットに比べればはるかにプライバシーにかかわる情報を蓄積している。河村氏は、「なぜ公表できないのか」と追及した。

しかし、片山虎之助総務相は「東京都二三区にある」と述べるにとどまる。河村氏は「自分のデータがどこに集中管理されているのかもわからない。しかも総務省は、管理を旧自治省幹部が天下る民間の外郭団体に任せている。外郭団体は行政機関等個人情報保護法案の規制の外にあり問題だ」と指摘した。

◇　◇　◇

この記事に関し、「セキュリティーの面から言えば、公表しないほうが安全だと思うのではないか」という疑問が読者から寄せられた。当然、予想された反応である。

本当に常識なのだろうか。

この記事を書いたのはある確信があったからだ。

それは、一九九九年五月に市民二一万人分の住基台帳情報をベースにした個人情報が流出していたことが発覚した京都府宇治市を取材した経験に基づいていた。

宇治市は、住基ネットのCS（コミュニケーションサーバー）が市役所内にあることを公表していた。同市の住基ネットの運用方針は、スペースを明確に仕切られた部屋の構造とIDカードによる入退室チェックなどの状況をメディアにも公開し、個人情報保護に対する強い姿勢を示すことで市民の安心感を確保しようとしているのである。

宇治市の住民情報流出事件は、乳幼児検診システムの開発を請け負った外部の業者のアルバイトが住民情報を持ち出したということが事件の発端だった。この事件では持ち出したアルバイトの業務は市の許可を得ていたものの、個人データの処理を役所の外に持ち出して行なうこと自体が問題視された。

そのため市では事件での教訓を生かし、作業場を庁舎内に設けるとともに、厳格な入退室管理を行なうことにした。

民間企業にあってはサーバーの場所を秘匿する設計が、企業秘密という観点から不可欠のケースもあるかもしれない。

しかし、公開を原則とする官の持つ情報（サーバーの位置も含む）の取り扱い基準は、民間分野とはそもそも異なるのではないか。

宇治市のように市民への安心感を含むソフトとハードの両面からのセキュリティー対策を図ることの方が、行政機関の運用としては適切ではないか。セキュリティー対策は、技術論だけではない。公開しながら厳重に管理するという微妙な運用を求められる分野だ。国税庁も基本的に同じスタンスに立っているのである。

総務省は住基ネットの稼働後は、「セキュリティー」を名目に障害が発生した件数、場所など本来公開すべき情報まで出し渋り始めている。

原子力発電や警察・治安、防衛問題に関しては、とかく「セキュリティー対策」が口実とされ秘密にされることが多かったが、住基ネットにも及びつつあるとの印象を受ける。

納税者番号への転用も視野？

「住民票コードの利用は目的が限定されている。民間の利用も禁止している」

これは、先にも紹介した総務省の芳山達郎・自治行政局長の発言だが、この言葉を真に受ける人は多くはないだろう。

これまで旧大蔵省（現・財務省）が検討しながら何度も先送りしてきた「納税者番号制度」の導入が再び政府部内で浮上しつつあるからだ。

その納税者番号として有力視されている番号の一つが住民票コードだ。

まず、納税者番号とは何かをみてみたい。税務当局は納税者が提出した申告内容を取引の相手方となった第三者から収集した、利子・配当などの支払い証明書や、給与の源泉徴収票などの課税資料を基に裏付け審査している。

課税のために集めた資料に記載された名義が偽名であったりすると取引自体の信用が損なわれ、適正な課税を行なうことが困難になる。

公平な課税を行なうためには、取引が本当の名義で行なわれることが不可欠になる。個々の取引で納税者を識別できる番号の告知を義務づければ、本当の名義を使った取引が担保でき、膨大な資料も番号を使って名寄せ（照合）をしていけば、迅速に処理できる、公平な課税が実現するというわけだ。

しかし、駅の売店でたばこを買ったり、飲食店で食事をするなど少額取引も含めて番号を通知した取引が実現できなければ完全な課税は不可能だ。また、膨大な事務処理コストは納税者だけでなく、税務当局にも重くのしかかりかねない。

反対側から見れば、だれがどこでどんな品物を購入したのかというのは、まさにプライバシーそのものだ。

公平な課税——。

確かにだれもが正面から反対できない理由だが、それと引き換えに構築した仕組みは、国民のプライバシーに関する個人データが国によって一元的に管理され、名寄せが可能になる社会を猛烈なスピードで導いていく恐れが大きい。

このため納税者番号は一九七九年度の「税制改正に関する答申」で利子・配当所得に対する課税のあり方に関連して触れられて以降、政府税制調査会でも何度も議論されてきながら、実際の導入に踏み切るところまではいかなかった。

もちろん、プライバシー問題ばかりではない。

税務当局に取引内容を完全に把握されたくない経済界の抵抗もあったからだ。

ところが、政府税制調査会が「あるべき税制の構築に向けた基本方針」を発表した二〇〇二年六月一四日を前後に納税者番号制論議はにわかに活気づき始めた。

基本方針では「近年における経済取引の国際化や情報化・電子化の急速な進展に見られるように、納税者番号制度を取り巻く環境は大きく変化しており、こうした状況を受けて、国民の意識についても変化の兆しがうかがわれる。納税者番号制度については、制度の意義やその具体的活用の仕方、プライバシー保護の問題など様々な論点が残されているが、その導入に向け、具体的な成案を得るべく早急に検討を開始する」と明記。

この日、塩川正十郎財務相は会見で「税の公平とかいろいろ言うんだったらね、やっぱり納税者番号というのが必要になるんじゃないかなと思う」と述べ、導入に意欲を示した。

財務省が納税者番号の候補に挙げているのは、住民票コードと基礎年金番号の二つだ。

基礎年金番号とは、社会保険庁が一九九七年に導入した重複しない十ケタの番号だ。国民年金（十ケタ）、厚生年金保険（十ケタ）、共済組合（七ケタ〜十二ケタ）とそれまで制度ごとに異なった番号で加入者を管理していたのを改めた。

同省はそれぞれのメリットとデメリットを次のように見ている。

住民票コードは、住所移動の正確な把握に加え、番号の根拠が住基法という法律となっていることをメリットとして挙げているが、民間分野での利用が禁止されている点をデメリットとした。

それに対して、基礎年金番号の根拠は省令に基づくものであるが、住民票コードと異なり民間での利用制限がないことを評価しながらも、年金に加入していない人への付番が課題だ、とした。

現状のままだと、住民票コード、基礎年金番号ともに帯に短したすきに長しといった中途半端な番号と財務省は受け止めているようだ。

しかし、塩川財務相にはある信念があるようだ。二〇〇一年五月二九日の参院財政金融委員会で次のように答弁した。

「納税者番号につきましては、私たちも実はこれはＩＴ化社会に移ってきておるのに伴って必要であるとは思っておりますが、しかし、何といいましょうか、役所間のそれぞれの分野というものがあって、自治省（総務省）は、住民登録をやっておりますし、また年金の番号というのがあって、そういうようなものはやっぱりいずれ早く統一しなきゃならぬだろうと思っておりますが、そういうものとあわせて納税者番号というものの推進を図っていきたいと思っております」

住民票コードと基礎年金番号。そして納税者番号。

住民票コードの行き着く先は、ひとつの番号ですべての国民の個人データの管理と利用ができる総背番号であることはこの面からも明らかになった。

諸外国の制度は？

共通番号制度でよく比較されるのは一九四六年に導入されたスウェーデンのパーソナル・アイデンティティー・ナンバー（PIN）だ。

税の徴収や社会福祉目的などに利用されている。コンピューター管理は、六八年からだが、長い経験を持つ同国でもプライバシー侵害は大きな問題になっている。

スウェーデン・データ検査院のアニタ・ブンデスタム長官は一九九六年一月に埼玉県が大宮市（現・さいたま市）で開いた個人情報保護に関する国際会議で講演し、国民総背番号制についてこう警告した。

「（PINは）世界のどの国よりも早く導入した技術であり、多くの国民が後悔している。気付かないうちに私たちを次第に腐敗させる影響を持ち、多くの人々にとってプライバシーに対する脅威のシンボルとなった技術だ。日本で導入することはお勧めしない。今日のスウェーデンでは、人は個人ではなく、まず第一に、そして何よりもまず番号なのだ」

米国にもソーシャル・セキュリティー・ナンバー（SSN）があるが、これは国民に選択権があり、この点は住民の意思に関係なく強制的に割り当てる日本の住民票コードと大きく異なる。やはり、米国でも国税職員が密かにのぞき見していたことが社会問題化した。

石村耕治・白鷗大法学部教授らによると、ドイツには日本の税務署が部内で利用している「納税者整理番号」に当たる納税者番号はあるが、全国で利用できる統一的な番号は導入されていない。旧西ドイツ時代の憲法裁判所の判決には、「国家がある人を全人格的に登録、管理することは人間としての尊厳に反する」（一九六九年七月一六日）、「統一的なあらゆる登録、管理に対して適用される国民番号の導入は、個々の国民を全人格的に登録、管理する措置だ」（一九八三年一二月一五日）と背番号制を否定する複数の判断が出ているという。

ナチス支配時代に乱用した経験を踏まえ、人間の尊厳という観点から共通番号制に警告を発したというのだ。

行政分野で利用されるICカード化をめぐっては、マレーシア（二〇〇〇万人）が全国民に本人確認証として運転免許証と一体化したICカードの配布を二〇〇一年四月に発表している。

一方、韓国では、関連法律は成立したが、一九九七年の経済危機や、国民の強い反対運動で一九九九年にICカード化を正式に断念している（第一部Chapter3参照）。

石村教授によると、オーストラリアの「オーストラリア・カード」、ニュージーランドの「キュウイ・カード」、イギリスの「スマート・カード」など、いずれも政府が提案したものの国民の反対で導入に失敗している。

しかし、二〇〇一年九月一一日の米同時多発テロの影響で導入論議が再燃。イギリス内務省は二〇〇二年七月に五年以内にICチップや指紋情報を収録した身分証明カード（IDカード）を成人を対象に発行すると発表した。社会保障の不正受給や不法移民対策がその理由だ。二〇〇三年秋の法制化を目指しているという。

これに対してプライバシー保護の立場から、野党や人権団体などが反発を強めているという。

また、フィンランドでは、二〇〇〇年初めにICカードを導入したが、一年経っても普及率は人口約五一〇万人に対して約一万枚と低迷している。

フィンランド財務省のオラヴィ・ケンガス主席情報官は、ICカード導入の成否のポイントについて「何よりも重要なのは、政府と国民との信頼関係だ。そして（国が）信頼を得るための行動を国民に対して取ることだ」と指摘している。

ところでここに、総務省が地方自治体の住基ネット担当者に二〇〇二年一月になって配布した問答集「住基ネットQ&A」がある。

そこでは、日本の住民票コードと各国の制度との違いを次のように説明している。

◇　◇　◇

Q（質問）　外国の番号制度はどのようになっていますか。

A（回答）

(1)　諸外国の番号制度について、いわゆる共通番号制を導入している国は、二つのタイプに分かれます。

①アメリカ・カナダ型（社会保障番号）

＊　アメリカでは、ソーシャルセキュリティーナンバー（Social Security Number）と呼ばれる。社会保障番号は、出生時に付与される番号（カナダでは、勤労者に付与される番号）で、納税者番号等さまざまな行政分野で利用されるほか、民間部門においても幅広く利用される共通番号となっています。

②北欧・韓国型（住民登録型）

＊　スウェーデンでは、パーソナルアイデンティティナンバー（Personal Identity Number）と呼ばれる。住民登録番号は、全住民に付与される番号で、納税者番号等さまざまな行政分野で利用されるほか、民間部門でも幅広く利用される共通番号となっています。

(2) 他の国々でも、さまざまな番号制度が導入されています。
①イタリア・オーストラリアでは、専ら納税者番号として用いられる番号が付与されています。
②イギリスでは、納税者番号は導入されていませんが、国民保険番号（NI番号）が社会保険と税の分野を中心に幅広く利用されています。
③ドイツでは、身分証明書の携帯義務があります。この身分証明書番号は、他目的への活用は禁止されていますが、不正利用等に備え、コンピューターで管理されています。
④フランスでは、限られた行政分野で利用され、原則として本人に告知されない国民ID番号があります。

(3) 我が国の住民票コードは、市町村が住民票に記載する番号で、民間が利用できない、限られた行政分野で用いられている限定的な番号です。

◇　◇　◇

要するに日本の住民票コードは、他の国と比較しても心配のない制度だ、ということを言いたいのだろう。

しかし、重要な点での比較を避けているなど不十分な解説であることはすぐに分かる。

まず、いずれの国も日本と異なり、①ICカードと連携した管理システムを採用していない、②

北欧では、独立した機関が個人情報の保護に当たっている、③北米の社会保障番号は強制割り当てではない——などだ。

強制的に番号を割り当て、独立した個人情報の保護委員会を持たず、さらにＩＣカードで管理する日本がいかに世界からみると突出した異質な仕組みであることが分かる。

政府のいう「世界最先端のＩＴ国家」とは、類例のない電子監視社会の出現ということでもある。

国民にＩＣカード

二〇〇〇年一二月二四日のクリスマス。日本でもインターネットを使ってのプレゼント購入が注目を集め、「ｅクリスマス」の元年と呼ばれた。

ＩＴ革命を重要政策に掲げる政府は、この年の七月にそれまでの高度情報通信社会推進本部を改組し、情報通信技術（ＩＴ）戦略本部を新たに設置、その目玉事業としてバラのデザインをあしらったＩＣカードを森喜朗首相（当時）のクリスマスプレゼントとして全国民に配布する構想が密かに練られた。

この森首相からのプレゼントは、ある若手官僚の発案だが、しかし、「ＩＴ革命」はスタートしたばかり。二〇〇一年一月の省庁再編や、各省庁の思惑の違いもあって計画倒れに終わってしまった。

なぜ、プレゼントをＩＣカードにしようとしたのか。

ＩＣカードはＣＰＵ（中央演算処理装置）とメモリーを備えたいわば〝超小型パソコン〟。このＩＣカードを全国民が携行することになれば行政サービスのみならず、さまざまなビジネスの展開が可能になる。「五年以内に世界最先端のＩＴ国家」（政府の「ｅジャパン戦略」）実現の起爆剤となるはずだった。

〝プレゼント〟によるＩＣカードの配布は不発に終わったが、政府部内では別のプロジェクトが着々と進みつつあった。

内閣官房にＩＴ先進国の旗振り役を実務で支える「情報通信技術（ＩＴ）担当室」というのがある。ここが事務局となって二〇〇一年三月に「公的分野におけるＩＣカードの普及に関する関係府省連絡会議」という課長級でつくる内部組織を密かに立ち上げた。

全省庁が加わった同連絡会議の狙いは、二〇〇三年度の電子政府構築に伴い提供される行政サービスをＩＣカード一枚で可能にする「関係府省連携ＩＣカード」システムの導入だ。

電子行政サービスが成功するかどうかは、悪意のある第三者による「なりすまし」利用を防止し、本人を確認できるシステムを確立できるかどうかにかかっている、と言ってよい。

その本人確認のシステムとして、全国の住民全員を確実に識別できる住民票コードは、のどから手が出るほど使用したい。

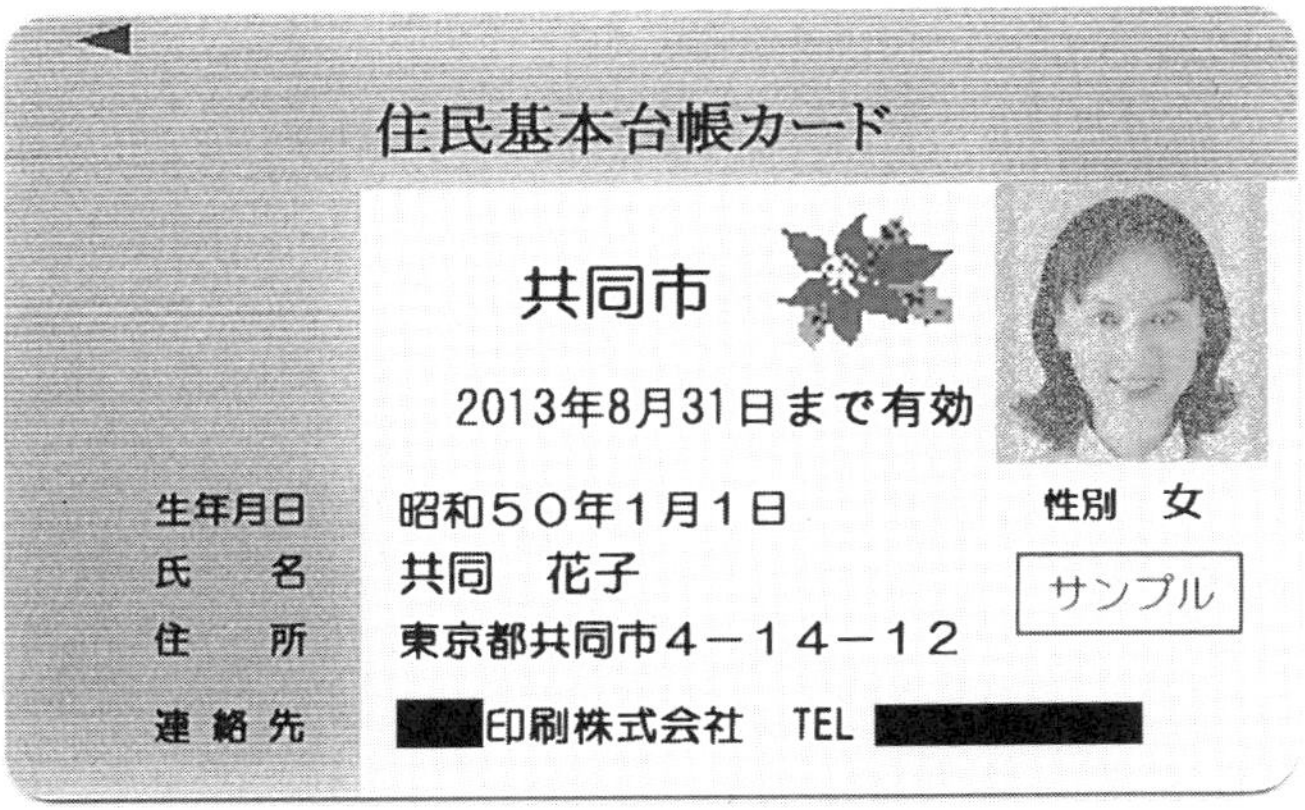

2003年8月から交付が始まる住民基本台帳カードのサンプル

ＩＴ担当室幹部は「住民票コードは、本人確認システムとしての有力選択肢の一つだ」と、はっきり言っている。歯止めのない住民票コードの利用は、国民を一つの番号で管理可能にする「国民総背番号制」につながるという不安がある。

さらに、この連携ＩＣカードの利用は民間分野にも開放する考えだ、という。

住基カードもＩＣチップを埋めたＩＣカードを使うことになっている。住民票コードとパスワード、そしてセキュリティープログラムなど住基ネット用に使われるのは約一五〇〇文字分に過ぎない。大きい容量なので情報はいくらでも入り、住基ネット以外のサービスにも利用可能だ。

住基カードがこの連携ＩＣカードになるのかどうかは現時点では不明だ。

総務省も連絡会議には参加しているが、住基ネットを進める総務省は「住基カードの共通カード化はまだ決まっていない」と、当時住基カードと連携ＩＣカードとの関係を否定していた。

しかし、住基ネットも軌道に乗っていない現状では、次の構想をぶち上げるわけにもいかない。政府の説明も歯切れが悪かった。

一方、経済産業省は二〇〇一年度、全国二一地域で「ＩＴ装備都市研究事業」を実施、約一二〇万枚の「ＩＴ装備カード」を配布することにした。実験期間は二〇〇二年一月～三月までの三カ月間。各地域ごとにサービス内容は異なるが、住民票の写しの自動交付や健康保険証、地域商店街で買い物をするとポイントがたまるカードとして利用される。実験終了後も継続して使え、連携ＩＣカードの先取り版だとも言える。

しかし、五四市町村が参加した同研究事業も実験期間不足もあって、当初予定していたＩＣカードの配布枚数を約一二〇万枚から約七五万枚に下方修正せざるをえなかった。

ある市役所の職員は「職員全員に強制的にＩＣカードが配布されたが、使い道は余りなかった」と迷惑そうに話していた。

さらに、地方自治情報センターも岩手県水沢市や広島県呉市など二八自治体・団体を対象に、住基カードで利用できる行政サービスの実証実験「ＩＣカード標準システムの開発及び実証実験事業」（総事業費は約三六億円）に乗り出すなど、普及に向け躍起になっている。

ところで、ＩＣカードに限ってみると、世界的には運転免許証に関し、国際標準化機構（ＩＳＯ）が一九九八年一〇月にカード担当のワーキンググループ（ＷＧ一〇）を設置、標準化作業を進めている。

これを受け、警察庁は、道路交通法を改正（二〇〇一年六月成立）し、運転免許証のＩＣカード化に乗り出した。一部の都道府県では二〇〇四年度からの交付開始を目指しているという。

ＩＣカードをめぐっては、省庁間の主導権争いも今後激しさを増していきそうだ。

電子政府の関連投資は六年間で二一兆円

電子納税や電子投票、電子申請といったＩＴ事業が生み出す電子政府・電子自治体市場は、ＩＴ産業界からみると巨大なカネのなる木だ。

いわば、二〇世紀の公共事業の代表がダムや道路であれば、二一世紀型の大型公共事業だからだ。数兆円にも上るとみられる投資額に、産業界は浮き足立っている。

総務省情報通信政策局長の私的研究会「情報通信経済研究所」（座長、三友仁志・早稲田大学国際情報通信研究センター教授）は二〇〇二年一月八日に「『情報通信経済研究会』の報告――ＩＴが経済に及ぼす影響に関する分析」をまとめた。

それによると、二〇〇〇年度の政府のＩＴ投資額は、一兆五九一〇億円。これが、「世界最高水準のＩＴ国家」を目指して政府が二〇〇一年三月に策定した「ｅ―Ｊａｐａｎ重点計画」が実行されると二〇〇一年度は前年度比五八・一九％増の四兆九九〇億円。二〇〇〇年から〇五年までの六年間の投資総額は、二一兆六九八〇億円にも達すると予測している。

大手コンピューターメーカーは電子政府・自治体向けの関連製品を展示したショールームを相次いで開設した。富士通のように公務員が立ち寄りやすいようにと、わざわざ霞ヶ関に近い内幸町の中日（東京）新聞社の日比谷ビル内にオープンした例もある。

二〇〇二年五月下旬には東京国際展示場（東京ビッグサイト）で「自治体総合フェア二〇〇二」が開かれた。テーマは「ネットワーク社会における行政サービスと自治体経営」。コンピューターメーカーなど一二二社・団体が住基ネットなど電子自治体に対応した関連製品をこぞって展示し、見学にきた自治体職員への売り込みに躍起になっていた。三日間の開催期間中に二万人を超える自治体関係者らが集まったという。

一方、NTTコミュニケーションズ、NTTデータ、富士通、NECをはじめとするコンピューター関連メーカーなど四二社は二〇〇一年四月に、総務省が進める地方税の電子申告システムなど地方自治体のオンライン化を推進する「地方公共団体行政サービスオンライン化促進協議会」を設立した。この四社は、住基ネットの中核システムの構築を受注したメーカーでもある。

住民基本台帳カードには二〇〇二年九月現在、NTTコミュニケーションズ、共同印刷、凸版印刷、東芝、日立、富士通など一六社が参入を表明。ICカードプリンターには、シャープ、日本ビクター、大日本印刷、フジカラー販売など一一社が参入を表明している。今後、これらの企業は二〇〇三年夏に向けて、急拡大が見込まれる電子政府・電子自治体のICカード市場をターゲットに、しのぎを削る争いを展開することになるのだろう。

そして利害調整をめぐり利権も当然、生まれるに違いない。

衆議院議員の河村たかし氏は住基ネットに一貫して反対してきた。河村氏は産業界や政官界の思惑をこう説明する。

「政府の本音は、納税者番号を含め、国民総背番号制を敷くことにあることは明らかだ。住民票コードは、そのための突破口だとみるべきだ。状況証拠はそろっている。国税庁が二〇〇〇年に実施した電子納税実験では住民票コードと同じ十一ケタの識別番号が使われていた。九〇年代にコンピュータ分野で米国に負けた日本の産業界と、IT土建という新たな利権にありつこうとする政官界は、ICカードを軸にした国民総背番号システムを世界に輸出しようと狙っている」

二四年ぶりの強硬手段で成立

そもそも住基ネットが民意を反映した手続きに基づいて導入されたかどうかさえも疑わしい。

住基ネットは一九九九年八月一二日に成立した住民基本台帳の改正で決まったが、その改正住基法が成立した第一四五回国会では、これまでの常識では内閣がいくつつぶれても不思議ではないほどの国論を二分する重要法案が次々に成立した。

携帯電話や電子メールの盗聴捜査を合法化した通信傍受法（盗聴法）、日の丸を国旗に、君が代を国歌に定めた「国旗国歌法」。そして日本以外での自衛隊出動を可能にした日米防衛協力の指針（ガイドライン）関連法などさまざまな法律が一気に国会を通過した。

当時のこうした一連の動きに反対する世論の批判は、専ら盗聴法や国旗・国歌法に集中したため、改正住基法については、国民の関心はあまり高まらず、正直言って監視が行き届いているとは言えない状況だった。

改正住基法の参院審議は六月二八日に本会議で趣旨説明・質疑が行なわれ、地方行政・警察委員会に送られた。ところがその委員長が野党の民主党の小山峰男氏だったため、同時期に参院法務委員会で審議されていた盗聴法のような強行採決は難しい条件にあった。

こうしたことから、自民・自由の与党と公明党は、同委員会での改正住基法の採決を、困難と判断。審議時間がわずか二七時間二五分であるにもかかわらず打ち切ることで密かに合意した。

政府・与党は、国会法第五六条の三にある「各議院は、委員会の審査中の案件について特に必要があるときは、中間報告を求めることができる」という規定を持ち出して、参院本会議で委員長からの中間報告を受けて採決を強行するという挙に出た。

民主党の高嶋良充氏は中間報告を求める動議に対する反論で次のように三党を非難した。

「二〇〇二年から施行する法律に対して、今なぜ中間報告を行なう必要があるのか。全く理解に苦しむ。住基法改正案にとって今必要なのは、委員会審議を尽くすことだ。三年間の猶予がある」

しかし、法案は、八月一二日に強行採決された。

参院によると、一九四七年の第一回国会から九八年の第一四四回国会までに参院が審議した議案の数は約七〇〇〇件。このうち、中間報告を求められたのはわずか一三回。最後の一三回目は、七五年の第七五回での「公職選挙法の一部を改正する法律案及び政治資金規正法の一部を改正する法律案」である。

実に二四年ぶりの強行手段だった。

「改正住基法はどさくさまぎれに成立してしまった」

河村たかし氏の証言はぴったりあてはまる。

このように、改正住基法の成立経緯からみても民主的な手続きは踏みにじられており、本当に国民が要望しているものなのかどうかも全く不透明なまま、住基ネットの導入は決まってしまったのだ。

Chapter 2

住基ネットと個人情報保護法制

政府は住民基本台帳法の改正案の審議の中で小渕恵三首相（当時）自らが答弁に立って、住民基本台帳ネットワークシステム（住基ネット）の個人情報の漏洩や不正利用に対する国民の不安に応えるため新たな法整備を約束した。

ところが政府が、二〇〇一年三月に国会に提出した「個人情報保護法案」は、民間分野を主として対象とした内容で公的機関に対する新たな規制の網はかからなかった。さらに、翌二〇〇二年三月に提出した現行の個人情報保護法を全面改正する「行政機関等個人情報保護法案」でも、住基ネットの個人データを保有する総務省の外郭団体、地方自治情報センターは結果として規制対象から外れてしまった。

住基ネットは、個人情報保護法制が未整備なままで、二〇〇二年八月にスタートしたが、仮に法案が成立していたとしてもそもそもが約束違反とも言える内容だったのだ。

行政機関個人情報保護法では対象外

政府は二〇〇二年三月一五日に「行政機関の保有する個人情報の保護に関する法律案」（行政機関個人情報保護法案）と特殊法人、認可法人、独立行政法人を対象とした関連三法案の計四法案（行政機関等個人情報保護法案）を閣議決定し、衆院に提出した。

行政機関個人情報保護法案は、二〇〇一年三月二七日に衆院に提出された「個人情報の保護に関する法律案」（個人情報保護法案）の十一条に「政府は、国の行政機関について、その保有する個人情報の性質、当該個人情報を保有する目的等を勘案し、その保有する個人情報の適正な取扱いが確保されるよう法制上の措置その他必要な措置を講ずるものとする」との規定が盛り込まれたことから提出された。同法案の附則七条には「政府は、この法律の公布後一年を目途として、第十一条第一項及び第二項に規定する法制上の措置を講ずるものとする」とも規定され、立法化を期限付きで求められたわけだ。

ところが、そもそもこの個人情報保護法案は、Ｃａｐｔｅｒ１で述べたように、住基ネット導入を決めた改正住民基本台帳法の附則第一条二項に「この法律の施行に当たっては、政府は、個人情報の保護に万全を期するため、速やかに、所要の措置を講ずるものとする」と盛り込まれたことが直接のきっかけとなって策定されることになったものだ。

この所要の措置の具体的な内容について、小渕首相は一九九九年六月一〇日、衆院地方行政委員会で「住民基本台帳ネットワークシステムの実施に当たりまして、民間部門をも対象とした個人情報保護に関する法整備を含めたシステムを速やかに整えることが前提であるとの認識に至ったところでございます」と答弁している。

つまり、改正住基法を施行するために個人情報保護法を作るという約束だったわけだ。

改正住基法案が成立するかどうかのカギは、公明党が握っていたが、党内の大勢は反対。その一方で公明党は当時、自民、自由との連立政権参加を水面下で画策していたため真っ向からの反対姿勢はとりにくかった。その落とし所として政府・自民党が提案してきたのが、個人情報保護法の制定だった。

日本には民間分野を主な対象にした一般的な個人情報保護法はない。

一九八八年一二月に制定された「行政機関の保有する電子計算機処理に係る個人情報の保護に関する法律」（行政電算処理個人情報保護法）があるだけだった。

しかも、この法律は国の行政機関が持つ個人情報の中でも、デジタル化された個人データに対象が限定されていた。

一方、民間はどうかというと、医療分野であれば医師法、電気通信分野であれば電気通信事業法。弁護士に対しては弁護士法など、個人情報の保護の必要性の高い個別の分野ごとに守秘義務規定を設けて規制している。そのほかは、通産省がつくったガイドラインなどに基づいて各業界や団体・

企業が自主的に規制していた。

しかし、個別方式による規制は、表現・報道分野や学術研究分野など憲法上、保障されている権利を侵害する恐れが小さい半面、法規制の対象となっていない分野には及ばないという欠点がある。例えば、本人の同意を得ない名簿の勝手な売買などは規制が難しい。

こうした名簿は毎日のように届くダイレクトメールや電話による商品セールスなどに利用されており、特に消費者団体などからは網から漏れないような法規制の整備を求める声が大きい。

特に、改正住基法案が審議されていた一九九九年春は、個人情報の漏洩が社会問題化していた。NTTの職員が、電話番号案内データベースを悪用して非公開の加入者の個人情報を入手し、インターネットで販売していた事件が発覚した。さらに、京都府宇治市では、住民基本台帳データを基にした住民約二二万人分のデータが内部関係者から市役所外に持ち出され、これもインターネットで販売されていたことが明るみに出るなど、野放し状態だった民間分野に対する規制を求める声が高まっていた（第二部Chapter2参照）。

こうした現状を背景に、公明党は住基ネットの個人データが行政機関から民間に流出した場合の歯止め策がないとして、官と民を包括した個人情報保護法の制定を住基ネットの稼働の前提にすべきだと主張していた。

そこで、法案成立を急ぐため、政府・自民党が公明党に提案してきたのが小渕答弁にみられるような、民間部門も対象とした個人情報保護法制の整備だった。

個人情報保護法案の浮上

政府はこの小渕答弁に基づき、同年七月には内閣官房の内閣内政審議室を事務局として高度情報通信社会推進本部内に個人情報保護検討部会（座長・堀部政男中央大教授）を設置。同検討部会の「我が国における個人情報保護システムの在り方について（中間報告）」（一九九九年一一月）や、個人情報保護法制化専門委員会（委員長・園部逸夫元最高裁判事）の「個人情報保護基本法制に関する大綱」（二〇〇〇年一〇月）をへて、二〇〇一年に民間分野を対象にした個人情報保護法案、二〇〇二年には、行政機関を対象にした行政機関等個人情報保護法案を衆院に提出する。

一連の個人情報保護法制の整備は住基ネットの導入を直接のきっかけとしていた。

現行の行政分野を対象としていた個人情報保護法は、そもそも制定された当初から、欠陥が指摘されていた。

日本新聞協会が個人情報保護法制化専門委員会に提出した二〇〇〇年三月九日付意見書では、①規制対象を行政機関に限定している。特殊法人、国会、裁判所も対象に含めるべきだ、②電子計算機処理情報に限られている、③センシティブ情報の収集制限がない、④個人情報ファイルの総務庁長官への事前通知と公示、ファイル簿への記載や閲覧について適用除外が多い、⑤本人の開示請求についても学校の成績、入試記録、診療記録などの医療の記録、刑事記録など、適用除外が多すぎる。これらも、行政機関が保有する情報のすべてを対象とした情報公開法と同様に適用対象にすべきだ、⑥本人の訂正権の規定がない――などの点を指摘している。

そもそも国会は、法案の成立にあたって五年後の見直しを附帯決議したにもかかわらず、政府はその後もそのまま放置してきた。

このため、日本新聞協会などメディア界は「公的分野の規制強化をまず先に図るべきだ」と主張してきたが、政府は自らの手足を縛ることを嫌い、民間分野を先行して法制化を図る作業に着手してしまった。

行政機関個人情報保護法案

それでは、現行の行政電算処理個人情報保護法の全面改正案として提出された行政機関個人情報保護法案は、住基ネットの個人データの保護対策としてどれだけ新たに期待できる内容になっているのかをみてみたい。法案の骨子は次の通りだ。

(1) 対象は、電算情報だけでなく紙などのマニュアル処理情報を含めすべての行政文書に拡大。
(2) 医療、教育分野も開示請求の対象に。刑事記録は引き続き対象外。
(3) 不正手段による取得制限や、センシティブ情報の収集禁止規定も明記しない。罰則規定は引き続き設けない。

（4）本人からの訂正請求を「申し出」から権利規定に。また、適法でない取り扱いが分かった場合に限り、利用の停止権を創設。

（5）第三者的な不服審査制度を創設。

（6）一定の個人情報ファイル簿は、従来の閲覧からインターネットを通じて公開する。独立行政法人、特殊法人、認可法人も国に準じて法整備する。

ところが、住基ネットを実際に運用するのは、Chapter1でも指摘したように、地方自治情報センターという財団法人の民間団体だ。特殊法人六一、独立行政法人六〇、認可法人二四の計一四五法人に対しては、国に準じた法整備が図られるものの、住基ネットの個人情報を管理する地方自治情報センターは、公益法人のため対象から外れてしまった。同法案は総務省が政務官の諮問機関として設置した「行政機関等個人情報保護法制研究会」が二〇〇一年一〇月二六日に公表した報告書「行政機関等の保有する個人情報の保護に関する法制の充実強化について」を下敷きにつくられた。同省は「（研究会では）直接、住基法についての議論はなかった」（横山均・総務省行政機関等個人情報保護室長）といい、「住基法で相当整備されている」（同）という認識のようだ。

地方自治情報センターは、個人情報保護法案で定めた民間分野の個人情報取扱事業者を対象にした義務規定が適用されるに過ぎない。

繰り返しになるが、これら一連の個人情報保護法制の整備は、住基ネットの導入を決めた改正住基法の審議の過程で自民、自由、公明党議員の修正提案で追加された附則第一条二項に基づいて進められた。そこには、「この法律の施行に当たっては、政府は、個人情報の保護に万全を期すため、速やかに、所要の措置を講ずるものとする」と書いてある。

住基ネットは、一連の個人情報保護関係法案が成立しない中で、二〇〇二年八月五日に稼働してしまった。仮にこの法案が通ったとしても政府は約束を果たしたことにはならなかったわけだ。片山虎之助総務相は「改正住基法の中で十分、個人情報保護の措置は講じてある」と繰り返し主張しているが、それならそもそも附則を追加した意味がなくなってしまう。

政府が提案した法案内容では明らかに、小渕首相の国会での約束は不履行のままだといって良い。

行政機関等個人情報保護法案の問題点

それでは、行政機関等個人情報保護法案の立法過程ではどんなことが議論されたのだろうか。行政機関等個人情報保護法制研究会の議論を振り返ってみたい。

研究会は、二〇〇一年四月一八日に設置された。座長には、茂串俊・元内閣法制局長官、座長代理には塩野宏・東亜大学通信制大学院教授（東京大学名誉教授）が起用された。二人とも官庁が設置する研究会の常連メンバーだ。

委員は次の通りで、委員会審議の傍聴は許されず、後に要旨が公開されるだけの審議方法で進められた。個人情報保護法制化専門委員会でさえも途中からは傍聴を認めたが、この研究会は最後まで非公開を貫いた。

宇賀克也氏（東京大学大学院法学政治学研究科教授）▽新美育文氏（明治大学法学部教授）＝個人情報保護法制化専門委員会委員▽藤原静雄氏（国学院大学法学部教授）＝同▽堀部政男氏（中央大学法学部教授）＝個人情報保護検討部会座長▽三宅弘氏（弁護士）＝同検討部会委員▽八木欣之介氏（慶応大学総合政策学部教授）

二〇〇一年一〇月二六日に研究会が公表した報告書「行政機関等の保有する個人情報の保護に関する法制の充実強化について」が提案した法制度にはどんな問題点があるのかをみてみたい。

報告書は、①診療記録や指導要録など医療・教育分野も開示請求の対象に含める、②電算処理した個人情報に加え、紙に書いた情報も対象とする、③訂正請求を「申し出」から権利に格上げするほか、適法でない取り扱いについては利用の停止請求権を盛り込む、④情報公開制度と同様、第三者的な不服審査会を設ける、⑤独立行政法人、特殊法人、認可法人も国に準じた法制上の措置を講じる――などが柱となっている。

一方、犯歴情報ファイルなど刑事記録に関しては「本人の更正を妨げる恐れがある。本人からの請求はおよそあり得ない」（総務省行政機関等個人情報保護室の横山均室長）として、現行法と同様、引き続き対象外となった。

思想・信条や人種に関するなど、より保護の要請が高い「センシティブ情報」の収集制限に関しても、「範囲の特定が困難だ」として、見送った。

総務省が今回全面改正に乗り出した背景には、現行法が制定当初から欠陥を指摘され、「五年をめどに見直す」ことが国会から求められていたほか、電子政府の構築のために二〇〇三年度中にその基盤整備を図りたいとの思惑もあった。

しかし、研究会が示した方向は、保護法制としてはなお不十分な点が残った。「プライバシー」の定義はさまざまだが、みだりに私事を公開されないという従来の考えから、自分自身に関する個人情報は、その情報の保有者に公開を求め、誤っていれば訂正させ、望まない場合は削除させることができるという考えに拡大してきている。「自己情報コントロール権」と呼ばれている。

特に共通番号制が導入されると、この番号を「かぎ」にさまざまな他の個人情報を重ね合わせることで本人が関与しない勝手な本人像が出来上がってしまう恐れがある。

報告は、国民が自らの情報をコントロールするという観点からは一定の改善が見られた。しかし、刑事記録を対象外にしたほか、高速道路や幹線道路、繁華街などに設置した撮影機器などを駆使して常時収集されている車両番号や通行人らの個人情報の取り扱いなどは、なお明確ではない。「個人情報の保護より、行政機関による利用に配慮した法律だ」と批判されていた現行法の性格を変えるまでには至っていなかった。

住基ネットで、個人情報を一元的に保有する地方自治情報センターは、報告書でも対象外となった。

この結果、住基ネットの個人情報については、国、民間部門、地方自治体レベルでは異なった保護規範に従うというちぐはぐなシステムになる。

「国が適正執行するのは当然」と座長が反論

また、報告に対しては、素案段階から、国が特別に保護する必要のある個人情報や、不正手段による個人情報の収集禁止規定を設けることを見送る方針に批判があった。

これに対して、報告では「関連する論点」の項目を設け、報告としては異例の〝反論〟を試みている。

二〇〇一年一〇月三一日の総務省記者クラブの会見室でのこと。同月二六日に公表した報告に対しては「民に厳しく、官に甘い」との批判が多く出た。それを意識した茂串座長は、自ら反論した。

「（行政機関による）不正な手段（による情報収集禁止）の問題とか、センシティブ情報の問題とか（批判が）あったが、結論としては、報告書のような内容に収まった。我が国の憲法では、行政機関が適正な手段を執行するのは当然のことだ。適法ではない個人情報（の収集）には、利用停止などを求められる仕組みになっている」

行政機関の個人情報保護法制について説明する茂串俊・研究会座長（元内閣法制局長官）＝左＝と、塩野宏座長代理（東亜大学通信制大学院教授）＝2001年10月31日、総務省記者クラブの会見室で

これに対して、同席した座長代理の塩野宏・東亜大学通信制大学院教授（行政法）は「この研究会では、公務員が違法なことをやらないとは考えていない。行政法は公務員が（法律を）適正に守るためにどうするか、というものだ。違法行為が起こることを前提にしている」と述べ、内部でも認識に温度差のあることを示唆した。

「個人情報保護法案」には、民間の個人情報取扱事業者に対して、二二条で「個人情報取扱事業者は、偽りその他不正な手段により個人情報を取得してはならない」と定めているが、報告ではこれに相当する規制を設けていない。

民間は禁止を明記するが、公的分野は順守が当たり前だから不要、というわけだ。

「センシティブ情報の規定は困難」

一方、より保護の要請の高い個人情報は、センシティブ情報と呼ばれたりする。人種、思想、信条、宗教など差別の助長につながったり、基本的人権を侵害する恐れのある個人情報の収集には、一定の規制を求める声は強い。

これに対して、報告は、経済協力開発機構（ＯＥＣＤ）の個人情報に関する専門家会合で、「何らかのセンシティブ情報は存在する」として、収集を制限・禁止すべきだとする意見と、「本質的にセンシティブ情報というものはない」とする意見が対立しているという状況を紹介したうえで、「規定は困難だ」と結論付けた。

総務省行政機関等個人情報保護室の横山均室長も二〇〇一年一〇月二六日の会見で、「何がセンシティブか、この法律で規定するのは極めて困難だ。個別ごとに定めるべきだ」と述べている。

それでは、個別法の整備を報告はどう想定しているのだろうか。

これについて、報告作成の事務局としてかかわった内閣官房・個人情報保護担当室の藤井昭夫室長は「基本法制（個人情報保護法案）の規律では、尺度が合わないものについては、どんどん個別法を作っていただきたい」との考えを示している。

しかし、報告では「必要があれば、国民等の意見及び要望を踏まえつつ、個別分野ごとの専門的な検討を行なうことを期待する」と言及しているに過ぎない。

さらに報告に対しては、「地方自治体の中にはこうした制限・禁止規定を条例で定めているケースもあり、明らかに国は地方より考え方が遅れている」との批判もある。

この点について総務省にぶつけてみた。これに対する総務省の考えには開いた口がふさがらなかった。

「地方の条例は、内閣法制局の厳しい審査を受けたものではない」

まるで、とても法律には適さない未熟なものであるかのような口ぶりだった。

警察官をはじめ公務員による不正な収集や悪用が相次いで明らかになる中、「報告書の反論も説得力がない」との声が相次いだのは当然だ。総務省はむしろ、自らに厳しい規範を課そうとする地方自治体の姿勢を見習うべきではないだろうか。

法制化段階でも批判を受け入れず

二〇〇二年三月一四日、総務省記者クラブの会見室で総務省が翌一五日閣議決定を予定している行政機関等個人情報保護法案の発表があった。

しかし、そこで初めて公表された法案は、研究会から諮問を受けた報告をベースに若干の修正・

追加を加えたものにとどまった。特に、法案は本人が自分の個人情報を管理できる「自己情報コントロール権」の観点に立つと不十分な点は否めない。

各省庁は、個人情報ファイルを作成する際には、現行法と同様に事前に総務相にファイル名などを通知することが義務づけられているが、犯罪捜査や安全保障、外交など引き続き広範な適用の除外規定を設けた。国民はどのようなファイルを政府機関が所有しているのかさえ知ることができない。

また、開示や訂正・利用の停止請求の対象には多くの適用除外を規定している。犯歴ファイルなどの刑事事件に関する個人情報は、新法案でも対象外となった。その一方で現行法にはない適用除外対象として「少年の保護事件に係る裁判」（四五条）も新たに明記した。少年事件に関しては、行政機関等個人情報保護法制研究会でも議論されず法制化の段階で加わった。

行政機関等個人情報保護室の横山均室長は二〇〇二年三月一四日の会見で「（刑事事件と同様に）少年の犯歴についても本人が関与することは非常にマイナスになる。社会的差別を助長する」と理由を述べた。

また、法案は報告を踏まえ、新たに「適法に取得されたものではないとき」に限って、国が本人からの求めに応じて利用の停止措置を講じることを定めている。

しかし、法案は違法に取得したり、目的外に利用した職員への処罰規定も盛り込んでいない。

この点について横山室長は「当該職員の国家公務員法の規範の中で判断される」と述べるにとどまった。

政府は立法化の段階でも、報告に対する批判の声を反映した部分はほとんどなかった。行政機関個人情報保護法案と、特殊法人、認可法人、独立行政法人などを対象とした関連法案三本の計四法案（行政機関等個人情報保護法案）は、個人情報保護法案とともに二〇〇二年四月二五日に衆院本会議で、一括して趣旨説明があり、五月一七日に衆院内閣委員会で本格的な審議入りをした。しかし、審議入り直後に発覚した防衛庁による情報公開請求者の身元を調査した個人情報リストの作成問題は、目的外利用に罰則がないなど当初から指摘されていた行政機関等個人情報保護法案の問題点を分かりやすい形で提起した。

第二部Ｃｈａｐｔｅｒ4で詳しく述べるが、内閣委での野党の追及の焦点は、表現・報道の自由を制約する懸念のある個人情報保護法案から、八月五日の稼働を目前に控えた住基ネットと、官による個人情報の悪用についてどう歯止めをかけるかなど行政機関等個人情報保護法案に移り、野党の審議拒否による空転が続くことになる。

政府・与党は通常国会での成立を断念し、二〇〇二年七月に、五法案とも秋の臨時国会への継続審議を決めた。

公明党は行政機関等個人情報保護法案に罰則を盛り込むなどの修正をした上での主張しているが、臨時国会では経済対策や日朝国交正常化交渉の再開問題が主テーマとなる見通し。政府・与党内からは、わずか二カ月の会期での成立は困難だとする声が大きい。一連の個人情報保護法案は二〇〇三年の通常国会に継続審議となる公算が大きくなっている。

Chapter 3

住基ネットの利用を拡大へ

二〇〇一年の秋。ある地方自治体の住民基本台帳ネットワークシステム（住基ネット）の担当者が、こっそり耳打ちした。

「国は、住民票コードの利用拡大を考えているようですね。施行もされていないのにもう改正して拡大を図るなんていうのは、おかしな話ではないですか」

この担当者は、住基ネット導入に反対しているわけではないが、疑問は感じているという。巨額経費というのは財政状態の悪い自治体に重くのしかかる。投資額に見合うメリットがあるとはとても思えないというのだ。

疑問が消えない中で作業を進めつつあったそんな折り、総務省の担当者は二〇〇一年九月に自治体担当者を集めた会合で、次のような説明をしたというのだ。

「（政府は住民票コードなど）本人確認情報が利用できる事務を増やしたいと考えている。来年の通常国会で、住民基本台帳法を改正するので、各自治体はその動向をみたうえで、独自に本人確認情報を利用できるようにする条例の制定をしていただきたい」

この担当者はあきれ顔で言った。

「法律を通したときの説明とは違いますよね」

政府は、一体何を狙っているのだろうか。

利用拡大を行政手続きオンライン化法案に割り込み

総務省行政管理局は二〇〇一年一二月六日、政府のＩＴ戦略本部に対して、「行政手続きのオンライン化のための法整備の立案方針（骨子案）」を提出した。

政府の思惑は、実はこの中に隠されている、と言える。

立案方針（骨子案）は、電子政府・電子自治体の構築に向け、現在、書面で行なっている手続きを原則としてオンラインでも可能にするための法整備を行なうことを示している。二〇〇三年度までに電子情報も紙情報と同等に扱う行政の実現を目指しているのだ。

対象範囲は、国の事務だけでなく地方自治体の固有の事務や法律で定められた国からの受託事務などほとんどすべての手続きにわたる。

申請や届け出をオンラインで行なうためには当然、なりすましを防ぐために本人かどうかを確認することが重要になる。国民全員が重複しない番号となっている住民票コードは、使い勝手が良く、国民を容易に識別できるマスターキーだ。国民を効率的に統治・管理したい政府にとっては、これほど便利な道具はないはずだ。この番号で名寄せをすればイモ蔓式に個人データを収集することができる。総背番号制は、どんな理由をこじつけてでも導入したい統治技術だ。

その機会が早くもやってきたわけである。

総務省にとっては、住基ネットの利用拡大を一気に図り、住民票コードの総背番号化にはずみをつける千載一遇のチャンスに映った。

つまり、総務省担当者の発言の意図を解説するとこうだ。

改正住基法によって、市区町村は、ICカード「住民基本台帳カード」（住基カード）を発行できるようになる。

住基カードを発行してもらえば、住民は居住する自治体以外でも住民票の写しの交付が受けられるようになるが、そのほかにも、市区町村は条例を制定すれば住基カードを利用できる。例えば、図書館での図書の貸し出しや、テニスコートや野球場など公共施設の予約のための利用カードとしての活用だ。

本人確認情報は、改正住基法で一〇省庁九三件の国の事務に利用できることが定められているが、国はその範囲の拡大を検討しているので、法律と重複した条例を制定する必要はない。

条例制定の検討はちょっと待て、というわけだ。

総務省関係者はこう明かす。

「各省庁から、住基ネットから本人確認のための情報提供を受けたいという要望がきている。未施行の法律を改正するということはないが、行政手続きオンライン化法の附則で（利用拡大を）図る方法で追加を考えたい」

こうした総務省の思惑は、二〇〇二年二月二四日付『毎日新聞』朝刊の報道で表面化した。同紙は一面のトップ記事で、総務省の内部資料から同省が住民票コードなど六件の本人確認情報が利用できる国の事務を現行の九三件からパスポートの発給や不動産の登記、自動車の登録など一一省庁一五三件の申請・届け出事務を追加する法案を二〇〇二年の第一五四回国会（一月二一日～七月三一日）に提出する方針であることをスクープした。政府はこれまで「利用範囲は法律で限定されている」として「国民総背番号」との違いを強調してきたが、なし崩し的に利用範囲が拡大される懸念を指摘した。

さらに、こうした利用拡大に対して東京都杉並区や同国立市などから「大変遺憾だ」「容認できない」など反発する意見書が総務省に出されていることも伝え、地方自治体から不安が出ていることを指摘した。

総務省の金沢薫・事務次官は翌二月二五日の会見で報道の事実を認めるとともに、一〇省庁の九三件の事務に限定されているが、これをパスポートの発給や不動産の登記、自動車の登録など一一省庁から新たに利用希望のあった申請・届け出事務でも利用できるようにするため、三月中旬の法案提出を目指していることを正式に発表した。

片山虎之助総務相は、二六日の会見で、プライバシー侵害の懸念を否定し、利用拡大を図る法案提出に強い意欲を示した。

ところが、こうした総務省の幹部の意向とは別に省内には異論もくすぶっていた。

頓挫した利用拡大

「住基ネットは電子政府にとって絶対に必要なシステムではない。あった方がいい程度だ。総務省が住基ネットにこだわるために、むしろ電子政府を進める際の大きな足かせになっている」

総務省のある関係者は、こう言い切った。どういうことなのだろうか。

この関係者が問題にしているのは、住基ネットの利用事務を拡大する内容を盛り込んだ行政手続きオンライン化法案をめぐる同省の〝判断ミス〟のことだ。

総務省は今回の住基ネットの利用拡大について、利用できる事務を列挙した住民基本台帳法の別表を改正するための単独法案として国会に提出するという正攻法を、取らなかった。

総務省行政管理局（旧総務庁）は、e―Japan重点計画（二〇〇一年三月策定）に基づき、行政手続きのオンライン化を図るための法案を二〇〇二年の通常国会での提出を目指して作業を進めていた。いわゆる、電子政府関連法案だ。

日本の法律は、これまで申請や届け出といった行政手続きは従来、本人が直接、役所を訪れて書面を提出することを原則としていた。今回新たに提出する法案は、これをインターネットなど電子的な方法でも認めようとするものだ。個別の法律ごとに改正していては膨大な法案数に上り、改正作業は煩雑になることから、一括して「電子手続きでも認める」という法律を別につくろうということになった。通則法方式と呼ばれたりする。

これが、「行政手続きオンライン化法案」だ。

正式名称は、「行政手続き等における情報通信の技術の利用に関する法律案」（行政手続きオンライン化法案）と、「行政手続き等における情報通信の技術の利用に関する法律の施行に伴う関係法律の整備等に関する法律案」（行政手続きオンライン化整備法案）の二本の法案で構成されている。

ちなみに、総務省は、後述する住基ネットと連動させた新たな本人確認サービス「公的個人認証システム」の構築を進めている。これを進めるための「電子署名に係る地方公共団体の認証業務に関する法律案」と合わせて電子政府関連三法案と呼ばれる。

既に一部の省庁では二〇〇二年半ばを目途に申請・届け出のオンライン化を計画していたが、総務省は「通則法方式」にこだわり、これらの省庁のオンライン化実施を先延べさせてまで各省庁の歩調を合わせようとした。

ところが、その後に大きな誤算が生じる。

二〇〇一年末に突然、住基ネットの利用拡大を図るため、利用できる事務を定めた改正住基法の「別表」の改正案を「行政手続きオンライン化整備法案」に盛り込むことが決まったという。

住民基本台帳法を所管する自治行政局（旧自治省）が、行政管理局に押し込んできたというのだ。

この関係者はこう、自治行政局側の意図を解説した。

「旧自治省は、住基ネットの利用を拡大するための住基法改正案を単独で提出しては通りそうもないと判断した。だから、だれもが反対しづらい電子政府関連法案に潜り込ませようとした節がある。仮に単独で提出した法案がもし成立せず、失敗すれば住基ネットの利用拡大は、二度と不可能だと考えたのだろう。しかし、住基ネットの拡大が政治問題化すればかえって電子政府関連法案自体の成立が遅れはしないか心配だ」

その懸念は、見事に的中する。

『毎日』が報道したこの時期は表現・報道の自由への制約が懸念されている「個人情報の保護に関する法律案」(個人情報保護法案)の審議の行方が関心を集めていたほか、行政機関を対象にした現行の個人情報保護法の全面改正案も閣議決定されていなかった。そんな段階で、八月五日の改正住基法の施行を前に早くも拡大法案を提出することに対して、与党の一部、特に公明党が難色を示し、法案提出は宙に浮いてしまった。こうなると当然、他の省庁から不満も高まる。

経済産業省のある関係者は「電子政府を推進するのなら、今後も住基ネットにこだわるべきではない。本人確認には、既にある電子署名・電子認証法(二〇〇一年四月一日施行)を活用すれば十分カバーできる。電子政府構築の旗振り役のはずの総務省が住基ネットに固執するあまり、かえって電子政府構築のスケジュールが遅れる結果を自ら招いている」と批判している。

二〇〇二年五月一七日、個人情報保護法案が衆院内閣委員会で審議入りし、法案処理の方向性が見えてきたことで、ようやく公明党の了承が得られ、六月七日、電子政府関連三法案の閣議決定にこぎ着けた。閣議決定予定よりも三カ月遅れだった。

一九九九年の国会審議では、衆院地方行政委員会が住基ネットの「利用目的を厳格に審査し、システム利用の安易な拡大を図らない」と付帯決議し、野田毅自治相（当時）も、参院で「利用分野は法律で定めている。広げようという場合には法律の改正がなければできない」と答弁し、限定利用を強調してきた。

にもかかわらず、政府が再改正する理由にしているのは、改正後に国家目標となった電子政府・電子自治体構想だ。ｅ－Ｊａｐａｎ重点計画が策定され、「状況が変わった」と説明する。

総務省は『毎日』の報道後も電子政府関連三法案が閣議決定される直前まで、拡大の対象となる事務の件数さえ明らかにしなかった。二〇〇二年五月三〇日に開かれた自民党総務部会で、総務省から法案の全文が示されて初めて分かった。

それによると、最終的には二月段階よりもさらに一八件が加わり現行より一七一件増え、一一省庁二六四件と約二・八倍にも拡大することになった。

総務省はこの結果、厚生年金、国民年金などが追加されることで、現況届の提出は年間で三五〇〇万件の約七割に当たる約二五〇〇万件の省略ができ、住民票の写しの提出も、不動産登記、一般旅券の発給事務が追加されることで、八五〇〇万件の約三割に当たる約二五〇〇万件が不要になる、と試算している。

片山虎之助総務相は「自治体の要望にも基づいた拡大だ」と五月二九日の衆院内閣委員会で説明した。

しかし、拡大に異議を唱える自治体の動きはさらに広がる。

全国市長会関東支部は六月六日、「本人確認情報の提供、又は利用事務の追加など安易な法改正による利用拡大を行なわないこと」を求める決議を全国市長会総会に提出し、了承された。千葉県のある市の担当者は、〝もし〟法案が通れば何らかのアクションを起こしたい、と反発する。

片山総務相は「総務省の自治体への説明が足りないだけだ」と自治体の心配は目に入らないかのような口振りだ。

なし崩し的拡大は、国民の納得を得られない。そのうえ住基法を正面から改正する手続きをせず、他の法案に潜り込ませる不誠実な進め方では国民の不信感を買うばかりだ。

高まる懸念に、政府・与党は法案提出と同時に成立を断念、継続審議とするという異例の取り扱いを決めざるを得なくなった。

表面上、野党の批判や地方自治体の不安に配慮した形に映るこの取り扱いの裏で、政府・与党は議会制民主主義を踏みにじる重大なミスをさらに犯すことになる。

それは、改正住民基本台帳法案を審議した九九年六月の衆院地方行政委員会で、小渕恵三内閣が住基ネットの稼働条件として挙げた「個人情報保護法の制定」の約束を反故にしてしまったことだ。

第二の住基ネット

「公的個人認証サービス」と呼ばれる「第二の住民基本台帳ネットワークシステム」（住基ネット）の構築計画が密かに進められている。

行政手続きのオンライン化に伴い、「なりすまし」などを防ぐことが名目だが、住基ネットと目的はほぼ共通しており二重投資との指摘もある。政府は第一五四回国会に「電子署名に係る地方公共団体の認証業務に関する法律案」を提出したが、法案は、行政手続きオンライン化法案と一緒に継続審議扱いとなった。しかし、このサービスは本当に必要なのだろうか。

まず、公的個人認証サービスとは何なのかをみてみたい。

政府は二〇〇一年六月にまとめた「新アクションプラン」で、二〇〇三年度中に国税申告、健康保険、社会保険など国の九八％（約一万九〇〇〇件）、戸籍謄抄本、地方税申告など地方の九五％（約四九〇〇件）の申請・届け出手続きをオンライン化する方針を掲げた。課題の一つが、なりすましや改ざん防止策だ。

本人が役所の窓口に行かないオンライン手続きは、他人が本人を名乗る「なりすまし」も容易なほか、デジタル文書は改ざんされても痕跡を残さない。

このため総務省は、ネット上の厳格な確認システムが必要だとして、市区町村と都道府県など公共機関が運用するサービスの創設の検討を開始した。

総務省が設置した「地方公共団体による公的個人認証サービスのあり方検討委員会」（委員長、大山永昭・東京工業大学フロンティア創造共同研究センター教授）が二〇〇二年二月二八日にまとめた報告書「地方公共団体による公的個人認証サービス制度の創設について」によると、オンラインによる申請・届け出をしたい住民は、居住地の市区町村を通じて都道府県からICカード「住民基本台帳カード」（二〇〇三年八月から交付開始）などに格納された電子証明書の交付を受け、申請書に添付する。

国などの行政機関は、申請者の住民から受け付けた電子証明書の記載内容に間違いがないかどうかを検証する必要がある。知事は、国などから照会を受けた電子証明書に記載された個人データが転居などで失効していないかどうかを、住基ネットの個人データを基に確認し、その結果を行政機関に毎日提供できるようにする。

このシステム全体を公的個人認証サービスと名付けている。

ただし、このサービスの利用者は、住基ネットと連動していることから、住民基本台帳に記載された国民に限られる。

住基ネットと同様に天皇・皇室や外国人は除外される。

さらに、このサービスは、行政機関だけでなく、一定の基準を満たした民間の電子認証事業者も利用できるなど利用範囲は広い。

総務省は二〇〇二年度約一六億五〇〇〇万円を使って実証実験とシステムの開発を行ない、二〇〇三年度中の稼働を目指すという。

コンセプト自体は、利用を制限されている住基ネットよりも、公的個人認証サービスの方がはるかに優れている。

ただし大きな欠点がある。それは、既に述べたように本人確認のベースとなる個人データを住基ネットから得ていることだ。

住基ネットから離脱した東京都杉並区の山田宏区長は「電子政府の本人確認システムに参加を強制するのはよくない。希望する住民が情報漏洩などのリスクも自分の責任と判断で参加する仕組みが必要だ。本人確認情報の登録センターを政府が作れば解決するのではないか」と提案している。

何のことはない。横浜市が導入した住民自身が参加するかどうかを決める市民選択制を住基ネットに導入すれば、かなり使い勝手が向上することになるわけだ。

官庁の縄張り争い

ところが、ある省の関係者は、住基ネットにも公的個人認証サービスにも批判的だ。

二〇〇一年四月一日に「電子署名及び認証業務に関する法律」（電子署名・認証法）が施行した。電子署名・認証法は、インターネットの「印鑑証明」といわれる「電子署名」に対して法的な効力を与える法律で、電子商取引（ＥＣ）に関し、より安全な法的基盤を整備するためのものだ。

実社会では、契約の紛争を防止する仕組みとして印鑑証明などを使って文書が正式に成立したものであることを証明する商慣行が広く定着している。この仕組みをネットにも導入し、裁判の証拠として電子データも認められるようになれば、契約をめぐる紛争を未然に防ぐことができる。同法によって電子署名が効力を持つようになれば、ネットを利用したＥＣの安全性が増し、普及を大きく後押しすることにもつながると期待されているのだ。

実社会では、印鑑証明をはじめ、運転免許証の提示、サインであれば筆跡など、さまざまな仕組みで取引の安全性が確保されている。同法は、サインや印鑑証明による認証を電子的に代替しようというものだ。民事訴訟法は二二八条一項で「文書は、その成立が真正であることを証明しなければならない」と規定している。これを受ける形で四項で「私文書は、本人又はその代理人の署名又は押印があるときは、真正に成立したものと推定」するとしている。

電子署名・認証法は、この「推定力」を認証局が証明する電子署名にも与え、同様の効力を持たせることで、法的に取引の安全性を図ろうというわけだ。また、この電子署名の信頼性を担保する仕組みとして一定のセキュリティー基準などを満たしている民間認証機関を国が「認定」するという枠組みも導入した。ただし、認証機関は国による認定を受けなくても運営は可能だ。

政府は、同法に基づく電子署名・認証サービスを基に、二〇〇三年までに基盤整備を図る電子政府や、電子自治体における各種の行政サービスに活用することを構想している。

この電子署名・認証法は、経済産業、総務（旧郵政）、法務の三省で所管している。関係者によると電子署名分野で他省に後れを取った旧自治省が巻き返しとして打ち出したのが、今回の公的個人認証サービスだというのだ。ところが、実態は住基ネットとの二重投資に近いのは既に見た通りだ。となると、住基ネットか「公的個人認証サービス」のどちらかをやめるのが筋だ。

さらに、「公的個人認証サービス」で実際に電子署名の認証を行なうのは法律によって知事から委任を受けた「指定認証機関」である。住基ネットも法律上は、都道府県の運営が建前だが、実際には「指定情報処理機関」として委託を受けた総務省の外郭団体、財団法人・地方自治情報センターが行なっている。天下り団体に仕事を回す周到さまで酷似している、と言えまいか。

住基ネットは、初年度投資額は約五〇〇億円との試算もあるが、個人認証サービスは、いくらかかるのかさえ分からない。総務省は「約一〇〇〇万人が利用する世界最大の認証サービスになる」と予測する。一方で、「それほど需要があるとは思えない」と厳しい見方があるのも事実だ。

他省庁からも「電子政府構築にかこつけた権益拡大だ。これまでなら旧郵政省も反対したろうが、総務省に統合したことでこの新たなサービスに反対意見が言えなくなっている」との陰口も出ている。

政府は、「世界一のIT大国」を国家目標に掲げているうえ、IT投資は効果が目に見えにくい分だけ、財務省の審査も甘くなる傾向がある。

ある省の関係者はこう言い切る。

「政府が認定した民間による認証サービスを活用すれば現行法で十分対応できる」

つまり、そもそも両方とも不要なシステムなのだ。

Chapter 4

稼働前夜の攻防

表現・報道の自由への制約が懸念される個人情報保護法案は、二〇〇一年三月に国会に提出された。しかし、野党の強い反対で審議に入れず、一年以上たった二〇〇二年五月一七日、衆院内閣委員会で行政機関を対象にした個人情報保護法案など関連四法案とともにようやく実質審議がスタートした。ところが、三年前の首相の〝約束〟をめぐり、法案審議は、冒頭から膠着状態に陥った。

「住基ネットの実施に当たり、民間部門をも対象とした個人情報保護に関する法整備を含めたシステムを速やかに整えることが前提である、と認識している」

九九年六月一〇日、小渕恵三首相（当時）は住基ネットの根拠となる住民基本台帳法改正案の審議が行なわれた衆院地方行政委員会でこう答弁した。

賛否を留保していた公明党は、この小渕答弁を引き出し、改正住基法附則に「この法律の施行に当たっては、政府は、個人情報の保護に万全を期するため、速やかに、所要の措置を講ずるものとする」との条文を議員修正で追加したことで賛成に回り、同法はようやく成立した経緯がある。提出者は、衆院地方行政委員会の理事を務める宮路和明（自民）、鰐淵俊之（自由）、桝屋敬悟（公明）

の三氏。

ところが、小渕首相が亡くなった今、政府の姿勢は一変する。福田康夫内閣官房長官は五月二九日、衆院内閣委員会で「もとの内閣の総理大臣の国会答弁がその後の内閣の行為を法的に拘束することはない。予定通り施行する」と答弁した。政府は、国会での首相の約束を反故にしてしまったのだ。

質問した河村たかし氏は「首相の国会答弁とは、政権交代もないのに、こうも簡単に変わってしまうのか。我々は国会でだれの答弁を信用したらいいのか」と憤る。

審議は、防衛庁による情報公開請求者リスト作成問題も浮上するなど、五月三一日を最後にわずか四日間の審議でストップ。さらに、当初から野党は小渕答弁を盾に、個人情報保護法案が成立しなかった場合は、住基ネットの稼働を凍結すべきだと主張。六月一四日には政策責任者会議を開き、凍結法案を共同提案することで合意した。内閣委員会は、六月二六日まで一カ月近くも再開されない異常な事態になった。

この間、与党は水面下で重大な約束違反の合意をしていた。

後述するが、自公保の与党三党は六月六日、住基ネットの利用拡大を図る「行政手続きオンライン化三法案」（正式名称は、「行政手続き等における情報通信の技術の利用に関する法律案」と「行政手続き等における情報通信の技術の利用に関する法律の施行に伴う関係法律の整備等に関する法律案」）の閣議決定（六月七日）に当たり次のような文書を取り交わした。

「法案の審議にあたっては特に住基ネットの利用事務の追加に関する規定の整備等について改正住民基本台帳法の施行（本年八月五日）後の実施状況等を踏まえつつ、十分な審議を行なうことを確認する」

関係者によると、この文書は八月五日の住基ネット稼働を確認するとともに、一九九九年六月四日に自自公三党が行なった「個人情報保護に関する法律については、三年以内に法制化を図る」との確認まで一緒に葬ってしまったことを意味する、という。

公明党は九九年の確認で三年以内の個人情報保護法制の整備を図ることを自民、自由に確認書まで取り交わして約束させたからこそ、改正住基法案に賛成した。そして、同法は成立した。

しかし、肝心の個人情報保護法案の成立のめどが立たなくなると、今度は、「改正住民基本台帳法の施行後の実施状況を踏まえつつ」などと、三党は九九年の確認との整合性の説明のないまま住基ネット稼働をあたかも当然視したような表現が二〇〇二年の確認には入り込む。

三党は九九年の確認を大きな成果のようにＰＲしていたが、いまでは早く忘れてしまいたいようだ。与党の合意は、密かに変質していた。

住基ネットの八月五日稼働問題というのは、システムが全国で動き始めるというだけではない。政権政党同士の約束事が、国民への説明責任を十分、果たさないまま反故にされてしまっていいのか。

これは、議会制民主主義の根幹にかかわる大問題なのだ。

自民党議員も住基ネット稼働に反対

「この種のもの（住基ネット）は慎重にもう一度検討してみる必要がある」

これは、自民党の江藤・亀井派の江藤隆美会長が四月一一日に、東京・平河町の砂防会館で開かれた同派総会で行なったあいさつだ。党内からも公然と住基ネット批判が出始めるきっかけとなった党幹部の発言である。

この流れをリードしたのが、阪上善秀氏（近畿比例代表選出）だ。阪上氏は一九四七年、兵庫県宝塚市生まれ。原健三郎・元衆議院議長秘書、宝塚市議（二期）、兵庫県議（四期）を経て九六年一〇月、近畿比例代表で衆院議員初当選し、現在二期目。

阪上氏は、江藤発言の直後となる二〇〇二年四月二五日、個人情報保護法案を審議する衆院内閣委員会の理事を辞任した。

阪上氏は、「政治家は国民の意見を代弁するのが仕事だ。ところが、最近は官僚に代わって口をパクパクさせる腹話術に使われているのではないか」として個人情報保護法案に反対する姿勢を示していた。このため、党執行部との間で軋轢ができ始めた。その結論が理事辞任である。

メディア規制への懸念を払拭できないとして個人情報保護法案の抜本的な見直しを求めるキャンペーンを展開していた『毎日新聞』は、阪上氏が内閣委理事を辞任したことを四月二七日付朝刊一面トップで次のように大きく伝えた。

◇　◇　◇

個人情報保護法案を審議する衆院内閣委員会の理事を務めていた自民党の阪上善秀氏＝近畿比例代表選出＝が、「法案に賛成できない」として二六日、委員を辞任した。阪上氏は「表現・報道の自由への懸念を表明した日本新聞協会の緊急声明も理解できる」などと理由を述べた。自民党内からも公然と法案批判が出てきたことは、今後の法案審議に影響を与えそうだ。

与党理事は法案成立を目指し、委員会の日程調整などをリードするのが本来の役割。自民党執行部は「阪上氏から『法案に反対の立場から委員会で質問させてほしい』との申し出があった。しかし、すでに党の賛成方針は決まっており、委員を交代させた」（幹部）と説明している。

『毎日新聞』の取材に対し、阪上氏は、法案が表現・報道の自由を制約しかねないとの懸念に理解を示し、「個人情報の保護の面から見ても不十分だ。何事も拙速に決めることはいけない。もう一度慎重に考える必要がある」と語った。また、国民総背番号制につながるとの懸念もある住民基本台帳ネットワークシステムについて、今年八月の導入を前に、早くも利用対象の拡大が検討されている点にも言及。一連の動きは「まるで軌道を外れたロケットだ」と批判した。

阪上氏は、自民党内でも法案の見直しを働きかけてきたが、「与党議員として問題だ」との批判が党内で強まり、「法案を推進する与党理事のままでは、反対意見を表明し続けるのは難しい」と

「住基ネットを考える議員連盟」の会見に臨む阪上善秀・衆議院議員（右端）。中央は会長の小林興起・衆議院議員。左端は事務局長の平沢勝栄・衆議院議員。党執行部に理解を得られず住基ネット延期法案の提出断念を明らかにした＝2002年7月31日、東京・永田町の衆議院第一議員会館で

判断したという。これに対し、大島理森国対委員長は二五日夜、「党として長年積み上げ、公明・保守両党にも厳しい議論をしてもらって決めた政策に反対である以上、理事、委員にとどまってもらうわけにはいかない。政党政治が成り立たない」と阪上氏の言動に強い不満を表明した。

ただ、同法案に関しては、与党内でも法案修正に向けた動きが出始めており、自民党の麻生太郎政調会長も「（法案には）誤解を生むような書き方」があると修正の可能性に言及している。

「委員会理事」の造反に、法案に反対姿勢を強める野党側は勢い

づきそうだ。

さらに、同紙は同日付の社会面トップでインタビュー記事を掲載した。

◇　◇　◇

個人情報保護法案などに異議を唱えていた、自民党の阪上善秀衆院議員が二六日、衆院内閣委員（理事）を辞任した。自民党議員が、法案の持つ危険性を公然と指摘して行動に出たのは初めてのことだ。なぜ、辞任を決断したのか。阪上氏に聞いた。

――自民党議員として唯一、公然と異議を唱えています。

内閣委員会で審議することになった個人情報保護法案は、国民全員に十一ケタの番号（住民票コード）を割り当てる住民基本台帳ネットワークシステム（住基ネット）の導入に伴ってつくられた経緯がある。自民党議員の大半は、住基ネット導入を決めた住民基本台帳法の改正（一九九九年八月）に賛成したのだから、反対するのはおかしいと考えている。ところが、当時想定した状況といまは違ってきている。もう一度、根本から見直すことは、不自然ではない。

――状況はどう違ってきたのでしょうか。

まず、住基ネットの個人情報が稼働もしていないうちから利用拡大が図られようとしている。また、住基ネットと連動して国民に配布されるＩＣカードには氏名、住所、生年月日、性別など基本四情報に限定すると国会審議で政府は説明していたのに、国はこのＩＣカードを使ったさまざまな利用を計画している。戸籍情報の電算化も進み、もし番号や住基ネットとこうした情報がリンクされたら三代、四代前まですぐに分かる仕組みができ上がってしまうだろう。さらに、財務大臣は、番号を納税者番号に利用することも考えている、との指摘もある。

有事法制が議論されているが、全国民の個人情報を集中管理させる仕組みは、国家の安全保障上の面からも問題だ。万一、外国に渡ったらだれが責任を取るのか。

今の状況は、まるで軌道をはずれたロケットだ。修正が必要だ。

――今後はどう行動するつもりですか。

与党として法案成立を図らなければならない内閣委理事という金縛りから解放されたのだから、かえって動きやすくなった。国家目標としてＩＴ（情報技術）大国を目指すのは正しいが、大事なのはスピードではなく、時間をかけて国民にも十分説明しながら進めることだ。政府は拙速すぎる。

麻生太郎・自民党政調会長も「対案を持ってこい」と言っている。まず、住基ネットを三年間凍結することから始めるべきだ。

日本新聞協会が二四日に出した緊急声明も読ませてもらった。法案が成立すれば、表現・報道の自由を制約するというマスコミの心配は理解できる。その間にプライバシー問題もみんなでじっくり考えればいいのではないか。

◇　◇　◇

阪上氏は、住基ネットに対しても公然と異議を唱え、二〇〇一年一二月に自民、保守、民主の一〇人を発起人として設立された超党派の議員グループ「国民共通番号を考える国会議員の会」の中心メンバーの一人だった。ジャーナリストの櫻井よしこ氏を代表とした著名人が参加する「国民共通番号制に反対する会」と連携しながら、政府・与党に対して凍結を求めてきた。

さらに江藤・亀井派は二〇〇二年六月一二日、東京・平河町の砂防会館で政府と、凍結を求めるグループの双方から意見を聴いた。江藤隆美会長はこれを受け、住基ネットの稼働を凍結・延期する法案提出を関係議員に指示した。亀井静香氏も六月七日、安倍晋三・内閣官房副長官に「慎重に対応した方がいい」と携帯電話で助言している。

そして、七月四日、東京・永田町の衆議院第二議員会館で「住基ネットの施行延期法案の実現を国会議員に求める決起集会」がもたれた。「国民共通番号制に反対する会」などが住基ネットの稼働を三年間延期する法案の提出を議員に要請するために開いた会合だ。

「国が便利だからすべてを管理していくことは民主主義国家という基本的なことに触れてくる。個人情報保護法案がどうなるか分からない段階で、住基ネットが施行されていくのは矛盾だ。それぞれ各党が問題意識を広げていくべきである。私もそれなりの問題提起をしたい」。自民党の亀井

住基ネット凍結法案の賛同書に署名する自民党の亀井静香・前政調会長（右から２人目）＝2002年7月4日、衆議院第二議員会館で

静香・前政調会長は与野党議員を前にこう表明。その場で凍結法案に署名してみせ、与野党双方の議員から大きな喝采を浴びた。

会合にはほかに、中川昭一・広報本部長、塩崎恭久・厚生労働部会長代理ら自民二二人、民主二九人、自由三人、社民九人、共産五人の与野党計六八人の国会議員（代理を含む）が出席し、凍結への期待感が膨らんだ。

亀井氏は警察官僚出身。国民を管理するシステムなら、何でも推進していく象徴のような印象を持たれてきたが、超党派議員でつくる「死刑廃止を推進する議員連盟」の会長を務めるなど最近は、人権派寄りの活動が目立っている。ところが、永田町では亀井氏の発言を「九月に予定されている党役員人事などの政局をにらんだパフォーマンス」とする受け止め方が一般的だった。

しかし、自民党の実力者を味方に抱えた野党側を勢い付けたのは間違いなく、郵政改革関連法案や、健康保険法改正案など重要法案の成立にめどがついたことで、住基ネット稼働問題は、延長国会（六月二〇日〜七月三一日）の終盤での最大の政治テーマとして浮上した。

阪上氏ら自民党の有志議員は七月一九日、住民基本台帳ネットワークシステム（住基ネット）の八月五日の稼働延期を目指す「住民基本ネットシステムを考える議員連盟」を設立した。

同議連が同日発表した「住基ネット凍結法案」は、個人情報保護法案が成立・施行するまでは住基ネットを稼働させないという内容だ。

議員連盟は、会長に小林興起・党政調副会長、副会長に塩崎泰久・党厚生労働部会長代理、事務局長には平沢勝栄・衆院議員が就任した。改正住民基本台帳法案の審議で行なった小渕首相（当時）の国会答弁（九九年六月一〇日）を踏まえることを念頭においている。党内から賛同者を募り、政府の稼働方針を支持する党執行部に再考を求めていくという。

小林会長は七月一九日に開いた会見で「住基ネットの稼働は、個人情報保護法の成立が前提だった。しかし、政府は法案を提出したことで責任を果たしたという。政府の独走をチェックするのが議会の役割だ。いまは非常に危険な状態にある。議員立法で凍結させたい」と語った。

これを受け、小林会長らは七月二二日、亀井静香・前政調会長と懇談し、法案提出への協力を要請した。これに対して、亀井氏は「党執行部にも改めて要請したい」と述べたという。

議員による法案の提出には衆院で二一人、参院で一一人の議員の協力が必要だ。事務局を務める阪上善秀氏は「趣旨に賛同した議員数は、衆参で五〇人を超えた」と述べ、人数はクリアしていることを明かし、強気な姿勢を見せた。

七月二三日、会長に就任した小林氏に議員連盟の取り組みを聞いてみた。小林氏は通産官僚出身で、党の役職は政調副会長を務める重職にある。

――住基ネットをどう思うか？

住基ネットは、便利な半面、国民総背番号制につながる危険性を持っている。そのためにこそ個人情報の保護を万全にするための措置を取る必要があったが、個人情報保護法案は通っていない。警察出身の平沢勝栄氏の話だと、住所を知られたくない警察幹部も住基ネットからの情報漏洩に危機感を持っているという。法案の成立は、稼働の最低条件だ。準備不足なんだから延期するのは当然だ。このまま稼働させるのは余りに拙速すぎる。

――多くの地方自治体や議員は、稼働は個人情報保護法とセットと考えていたようですが。

本来は、政府は九九年の小渕恵三首相の国会での約束を守れないのだから、凍結法案を自ら出すのが筋だ。法律が成立して初めて小渕答弁は担保される。小泉純一郎内閣は、法案の提出で責任を果たしたというが、子供だましの理屈だ。政府の暴走をチェックするのは議会の役割だ。いまは非常に危険な状態にある。

福島県矢祭町が離脱を表明したが（後述）、見識のある判断だと思う。こうした自治体がどんどん出てきてほしい。

――政府は利用拡大する法案を早くも提出しました。

電子政府・電子自治体は積極的に進めるべきだ。しかし、そういう法案（行政手続きオンライン化法案）は、住基ネットの利用拡大とは別の話だ。住基ネットと絡めたためかえって全体の電子政府構想が遅れるというのであれば、別に議論すべきだ。同じ法案で取り扱うべきではないと思う。

――会期末まであとわずかですが法案提出の見通しは？

党執行部には会期末を控え、とにかく静かにしてもめごとはないようにしたいという空気がある。止まれば最高だが、仮に止まらなくても議連としては、二〇〇二年八月の第二次稼働を踏まえ、秋の臨時国会で住基ネットの在り方を改めて問題提起をしたい。

黙りを決め込んだ公明党

自民党を含む超党派議員による住基ネット凍結法案の提出の動きが活発化する中、公明党の出方が注目を集めていた。

凍結法案が衆院（議員数四七七人＝二〇〇二年七月三一日現在）で成立するには、野党四党の議員に加え、与党から五十数人の賛成を得る必要がある。しかし、凍結派の多い江藤・亀井派（衆院三五人）を除くと、他派閥議員も同調するかどうかは不透明。このため、「個人情報保護法の制定」を条件に党内の改正住民基本台帳法への強い反対論を抑え、賛成に回った経緯がある公明党が成否を大きく左右する可能性が出てきていた。

公明党は一九九九年六月、「個人情報保護に関する法律については、三年以内に法制化を図る」ことを自民、自由とともに確認したことや改正住基法案に「個人情報の保護に万全を期するため、速やかに、所要の措置を講ずるものとする」との条文を三党の議員提出の修正案で追加させたことを、実績としてアピールもした。

坂口力政審会長（現・厚生労働相）は九九年六月四日付『公明新聞』のインタビューに、「所要の措置が、包括的な個人情報保護法の制定であり、この保護法ができるまでネットワークシステムは運用しない、という趣旨を首相、自治相が（国会で）確認するという提案が自民党からあった」と答え、成果を誇示していた。

ところが、約束が守れなくなるや、こうした経緯を踏まえた説明には沈黙を決め込んだ。

野党は七月一日、個人情報保護法案が制定される経緯をはっきりさせるために、衆院内閣委員会で坂口氏ら公明党関係者の参考人招致を要求したが、公明党の河合正智・内閣委理事は強く拒否、審議は暗礁に乗り上げてしまった。

公明党の桝屋敬悟・総務部会長も「法律通り稼働させるべきだ」といい、「同時スタートが必要だ」と自分自身が、三年前の参院地方行政・警察委員会で、議員修正案の提案者として答弁した内容を忘れてしまったかのような口ぶりだ。

ところが、地方議会での稼働延期を求める意見書採択での自公・与党系会派の足並みはそろっていない。

東京都日野市議会では自公系会派は賛成に回ったが、東久留米市議会、静岡県三島市議会では反対に回った。六月二五日の東京都国分寺市議会では自公会派は賛成した。

必ずしも中央と地方の動きが一枚岩であるわけではない。

日野市の馬場茂夫市議（公明）は「党中央の方針は、十分理解している。しかし、個人情報保護法が成立していない中での稼働に強い懸念を持つ住民もいる。住民が心配しないよう、もう少し時間をかけて慎重に進めるべきだ、と独自に判断した」と賛成した理由を明かす。

党執行部の沈黙には、党内からも不満がくすぶっている。

ある党幹部は明かす。

「（幹部は）きちんと説明できるわけないじゃないか。オレだって当時、個人情報保護法が制定された後で、住基ネットが稼働すると思ったし、支持者らにもそう説明した」

別の党関係者は言う。

「公明党は、三年前に約束したことと違うことをやろうとしている。党執行部は説明責任を果たすべきだ」

七月四日、東京・永田町で、「国民共通番号制に反対する会」の呼びかけによる、国会議員に住基ネット凍結法案の提出を要請する集会が開かれた。

与野党六八人の国会議員が参加する中、公明党議員の姿はなかった。

しかし、ある中堅議員は「個人的には凍結が筋だと思う。大量に漏洩するなどの問題が起きないと（幹部は）問題点に気付かないのではないか」と語るなど、執行部への不満は漏れたが、最後まで抵抗する動きが表面化することはなかった。

住基ネットが稼働したあとの八月中旬。東京・永田町の議員会館の廊下で公明党関係者とすれ違った。

彼が話しかけてきた。

「結局、うちの党は最後まで頬かむりしちゃったね」。これまで、見てきたように改正住民基本台帳の成立に公明党は大きくかかわった。

公明党にはきちっとした説明をする責任がいまでもある、と思う。

地方自治体から疑問の声

住基ネットの八月五日稼働問題に最も敏感に反応したのは、運用主体と勝手に国から指名されなから意思決定から最も遠い立場にある地方だ。

特に、六月定例議会では、稼働延期を求める意見書採択が相次いだ。

一番早かったのは、六月一二日に全会一致で採択した高知県十和村議会。小泉純一郎首相と片山虎之助総務相宛てに提出した。

意見書では「住基ネットに関連してプライバシー侵害が危惧されている。十分な個人情報保護対策を政府は確約したが、国会で審議されている行政機関個人情報保護法案は、地方自治体の条例と比べ、目的外利用や他機関への提供など行政機関の都合を優先しているなど極めて不十分だ」として、政府案の修正とともに、住基ネットの稼働延期を求めた。

提出者の橋本保村議は「個人情報保護法の成立は、政府の約束でもあったはずだ。個人情報が法的に保護されない段階での住基ネットの稼働を認めるべきではない」と話した。

十和村を皮切りに、稼働延期を求める意見書の採択は、全国的な広がりを見せた。

総務省の調べでは次のように、八月二二日現在で、三重県や鳥取県など七五の地方議会が意見書を採択し、三九の地方自治体の首長が政府に稼働延期を求める要望書を提出した。

【地方議会】
〈北海道〉 余市町（六月一七日）、留萌市（六月一九日）、穂別町（六月二〇日）、士別市（六月二五日）、夕張市（六月二七日）、古平町（六月二七日）、猿払村（六月二七日）、根室市（六月二八日）**〈青森県〉**

川内町（六月二七日）〈岩手県〉田老町（六月一四日）、平泉町（六月一九日）〈宮城県〉角田市（六月二一日）、登米町（六月二七日）〈秋田県〉五城目町（六月一三日）、皆瀬村（六月一四日）、雄物川町（六月二五日）〈福島県〉西会津町（六月二〇日）〈埼玉県〉熊谷市（六月二〇日）〈千葉県〉白井市（六月二一日）〈東京都〉日野市（六月一九日）、東久留米市（六月二〇日）、国立市（六月二四日）、狛江市（六月二四日）、小金井市（六月二五日）、西東京市（六月二五日）、国分寺市（六月二五日）、町田市（六月二八日）、武蔵野市（六月二八日）、杉並区（七月一二日）〈新潟県〉中郷村（六月一四日）、牧村（六月二四日）、笹神村（六月二六日）、聖籠町（七月三日）、大島村（七月五日）、津南町（七月一九日）、湯沢町（七月二六日）〈福井県〉松岡町（六月五日）〈長野県〉松川町（六月一九日）、小川村（六月二一日）、喬木村（六月二一日）、牟礼村（六月二一日）、本城村（六月二五日）、麻績村（六月二五日）、須坂市（七月一六日）、南木曽町（七月三〇日）〈岐阜県〉多治見市（七月一八日）〈静岡県〉富士市（六月二五日）〈三重県〉県議会（六月二八日）、宮川村（六月二一日）、島ケ原村（六月二六日）〈京都府〉加悦町（七月一〇日）〈大阪府〉高槻市（六月二七日）〈奈良県〉斑鳩町（六月二一日）〈島根県〉五箇村（六月二一日）、伯太町（八月一日）〈鳥取県〉県議会（七月三日）〈岡山県〉川上町（六月二四日）、作東町（六月二六日）、佐伯町（七月二日）〈広島県〉三良坂町（六月二五日）〈山口県〉豊田町（六月一七日）〈高知県〉十和村（六月一二日）、佐賀町（六月一九日）、須崎市（六月二〇日）、大月町（六月二〇日）、土佐町（六月二五日）、大豊町（七月一日）〈福岡県〉古賀市（六月一八日）、山田市（七月一八日）〈熊本県〉湯前町（六月二〇日）、一の宮町（六月二二日）矢部町（七月二五日）〈大分県〉安心

院町（六月二一日）〈鹿児島県〉南種子町（七月一五日）〈沖縄県〉西原町（八月二日）

【地方自治体】

〈福島県〉檜枝岐村（七月一七日）、鏡石町（七月一八日）、山都町（七月一八日）、霊山町（七月三一日）〈埼玉県〉和光市（七月一六日）、吉田町（七月二五日）〈東京都〉国分寺市（六月一二日）、国立市（六月一四日）、狛江市（六月二四日）、小金井市（六月二五日）、杉並区（七月一〇日）、中野区（七月一八日）〈神奈川県〉横浜市（七月一〇日）〈長野県〉南相木村（七月一五日）、武石村（七月一五日）、和田村（七月一五日）、北相木村（七月一六日）、望月町（七月一六日）、長門町（七月一六日）、臼田町（七月一七日）、八千穂村（七月一七日）、佐久町（七月一八日）、浅科村（七月一九日）、御代田町（七月二二日）、軽井沢町（七月二三日）、北御牧村（七月二四日）、佐久市（七月二六日）、南木曽町（七月二六日）、坂城町（七月二六日）〈岐阜県〉多治見市（七月二二日）〈奈良県〉室生村（六月二七日）〈鳥取県〉西伯町（七月二三日）〈高知県〉吉川村（七月一九日）、土佐清水市（七月二五日）、本山町（七月三〇日）、大豊町（七月三一日）〈福岡県〉稲築町（七月二四日）〈佐賀県〉佐賀市（七月二五日）〈沖縄県〉具志川市（八月二日）

日弁連が再度、全国の三二四一の市区町村対象に実施した「住基ネット施行に関するアンケート」（六月五日～七月四日、回答率四六％）によると、住基ネットの八月施行について「延期すべきでない」は二〇・二％にとどまった。これに対して、「延期が望ましい」は一四・一％。これに「どちらともいえない」の五九・九％を加え、八月五日稼働に否定・懐疑派は七四％に達した。

京都府宇治市で住民約二二万人分の個人情報が流出し、住民から損害賠償請求され敗訴したケースを念頭に自由記述欄には「情報が漏れたら損害賠償責任を負わされるのは自治体。十分な法の枠組みも用意せずに稼働させたら大きな危機を招く」という悲痛な叫びもあった。

六市区町が離脱を表明

個人情報保護法案の成立が困難となる中、全国で初めて住基ネット離脱を表明したのは福島県矢祭町だ。同町は七月二二日の朝、庁議を開き、この日から八月二日まで全国の市区町村で一斉に開始することになっていた住基ネットの仮運用に参加しないことを決めた。同日午後、福島県庁で開かれた市町村の住基ネット担当課長級を集めた会合の後に担当者が県側に口頭で伝えた。根本良一町長は、住基ネットに参加しない理由として、個人情報保護法の未成立であることを挙げた。

ところで最初に名乗りを上げた矢祭町とは、どんな町なのか。

実は、総務省が推進する市町村合併にも反旗を翻している自治体という顔も持っていた。

総務省は市町村合併特例法を適用して現在約三三〇〇ある自治体を一〇〇〇程度にしようと計画している。財政再建や人材不足を合併によって解決を図ろうというのが、狙いだ。

しかし、その一方で歴史的背景や、独自色が損なわれるとして自治体の抵抗も強く、総務省の思惑通り進むかどうかは不透明な状況となっている。

矢祭町議会は二〇〇一年一〇月三一日に全国で初めて「市町村合併をしない矢祭町宣言」を決議し、注目を集めた。

宣言には「矢祭町議会は国が押しつける市町村合併には賛意できず、先人から享けた郷土『矢祭町』を二一世紀に生きる子孫にそっくり引き継ぐことが、今、この時、ここに生きる私達の使命であり、将来に禍根を残す選択はすべきでないと判断いたします。よって、矢祭町はいかなる市町村とも合併しないことを宣言します」と、かなり勇ましい言葉が並んでいる。

片山虎之助総務相は矢祭町の離脱ニュースに「また、あの町か」と思ったようだ。

片山総務相は「自治体はどこも（住基ネットの導入を）嫌がっていない。（矢祭町長は）有名になりたがってんじゃないか」などと不快感を露骨に示している。

どうやら、片山総務相には、地方の声に真摯に耳を傾ける謙虚さはなかったようだ。

一方、矢祭町の決断に理解を示す自治体は少なくない。

高知県の橋本大二郎知事は翌七月二三日の会見で住基ネットについて、「相当危険をはらんだネットワークだ。国には都合のよい制度だが、地方にとって何のプラスになるのか。昔ながらの国の発想に基づくものだ。私が市町村長なら、たぶんやらない」と表明した。

東京都杉並区も矢祭町に続き、離脱することになるが、山田宏区長はその離脱を表明した八月一日の会見で、「地方は従うものだという発想が抜け切れていない。傲慢で信じがたい」と片山総務相を非難した。片山発言は逆に地方の不信感を買ってしまった。「矢祭町離脱」のインパクトは、大きかった。

ある自治体の首長は矢祭町の離脱表明をみて、「これでうちも離脱がしやすくなった」と語った。実際、七月三一日には三重県小俣、二見町の二町が住基ネットへの接続を当面見合わせることを決め、県に連絡したほか、八月一日には東京都杉並区が離脱を表明した。翌二日には、東京都国分寺市と、国内最大の都市・横浜市が市民選択方式による参加を打ち出し、八月五日のスタート時には参加しないことを発表するなど離脱表明が相次いだのだ。

どこの自治体も離脱の理由は明快で、個人情報保護法制の未整備を挙げている。

国分寺市の星野信夫市長は、地方自治体の首長として全国で初めて、個人情報保護法が成立しない場合は、住基ネットの延期を求める要望書を国に対して提出している。

星野市長は、離脱表明を決断する前に心境をこう語っていた。

「個人情報保護法が整わない中で、政府が住基ネットを稼働しようとしていることに大きな不安を感じている。国と地方は連携・協調すべきだが、信頼関係が失われた時は、地方自治体として主張しなければいけない。市個人情報保護条例では、『(市民に対する)権利侵害の恐れがない』ときに限って、他のネットワークとの結合を認めている。しかし、法律が成立していないまま住基ネットに接続することになると、市長として条例を守りきれない。総務省の井上源三市町村課長は『法案を国会に提出した。政府はやるべきことをやっている。あとは、立法府の責任だ』と言っていた。しかし、私は『市長の責任は、議会に条例案を提出するまでだ』とはとても言えない。市長は、市民と直接接している。その辺の感覚が政府と違うのだと思う。法案を通すところまでが内閣の責任だと思う。市民のプライバシー意識は強い。このまま住基ネットを稼働させれば、間違いなく現場は、混乱する。凍結に向けて政治が動くことを期待している」

住基ネットへの不参加に踏み切れなかった首長の多くも、星野市長のこの言葉に共感しているのではないだろうか。

実はこの時、多くの自治体が自民党有志議員でつくる「住基ネットを考える議員連盟」を中心とした住基ネット凍結法案の提出の動きを、密かな期待を持って注視していた。

沖縄県のある自治体担当者は「住基ネットの稼働が延期される可能性もあったため、広報紙の掲載や住民票コードの通知作業など住基ネット事務の一部を一時見合わせていた」と明かした。

しかし、野党四党が七月一二日に国会に共同提出した「住基ネット凍結法案」は、三〇日に趣旨説明されただけで、採決もされないまま、七月三一日に国会の閉会に伴って廃案。

そして、「住基ネットを考える議員連盟」が同日、党執行部に住基ネット凍結法案を提出した。住基ネット延期法案に署名した自民議員は衆院で二一人。参院で三人。議員立法で提出できる人数はそろったものの、当初、意気込んでいた五〇人には遠く及ばなかった。党執行部からの強い締め付けで脱落者が相次いだためだ。

関係者によると、ある有力議員でさえも「党の役職を辞任してでも延期を主張したい」と約束していながら、あっさり離れて行ったという。

さらに、法案提出に必要な総務会での了承などの党内手続きをクリアする必要があるが時間不足も明らかだった。

結局、延期法案は党からは受理さえも拒まれてしまった。

住基ネットの延期の道は完全に閉ざされた。

二〇〇二年七月三一日、最終的に八月五日の住基ネット稼働が確定した。

Chapter 5

住基ネットが稼働

二〇〇二年八月五日、住基ネットがついに稼働した。「離脱は法律違反」との政府見解を無視して、プライバシー保護の立場から六市区町が接続を見送った。国民の個人データを一つの番号で管理する監視社会に道を開きかねない住基ネットは、四〇〇万人を超える「空白」を抱えた波乱のスタートとなった。

四〇〇万人の「空白域」抱えスタート

住基ネットに接続しなかったのは、福島県矢祭町（七三〇〇人）▽東京都杉並区（五二万人）▽東京都国分寺市（一一万人）▽横浜市（三四五万人）▽三重県小俣町（一万八〇〇〇人）▽三重県二見町（九二〇〇人）の六市区町。小俣と二見の両町は「稼働状況を見て接続する」との当初の表明通り、九日に接続した。しかし、九月に入ると東京都中野区が一一日を最後に区民の更新データの都への送信を中止した。中野区の離脱は稼働後初めてで、結局、離脱は五市区町となり、空白人口は中野区の約三〇万人を加え、約四三八万人となった（二〇〇二年九月一二日現在）。住基ネットへの切断に当たって国分寺市の星野信夫市長は自ら、住基ネット用パソコンの電源を落とすパフォーマンスを披露したほか、中野区はパソコンを区民課から撤去してしまった。

このうち矢祭町と杉並区、中野区、国分寺市は個人情報保護法制が整備されるまでの完全離脱。

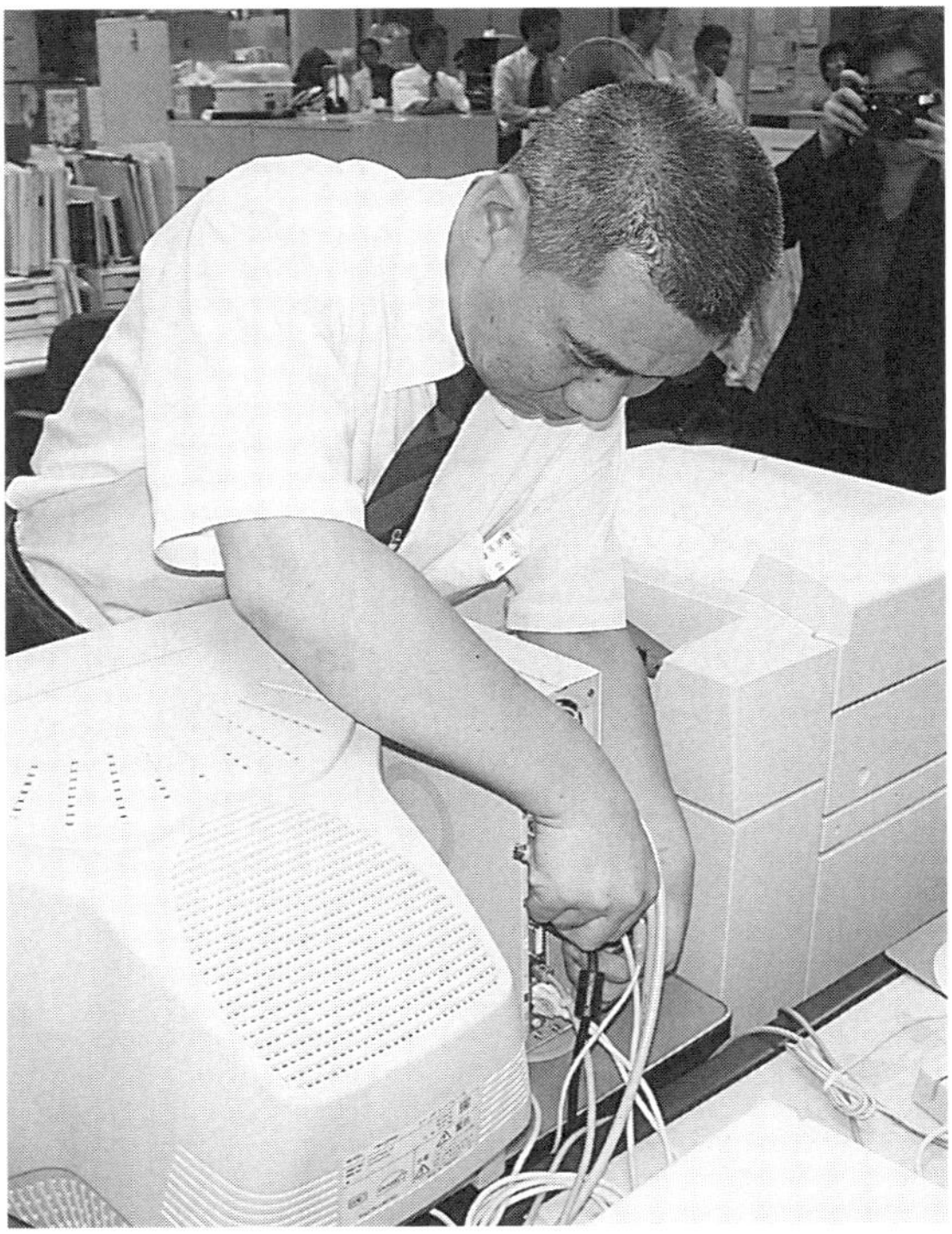

東京都中野区の田中大輔区長が住基ネット離脱を表明した後で、作業用パソコンを撤去する区職員＝2002年9月11日午後6時過ぎ、区役所で

横浜市は、市民自身が住基ネットに参加するかどうかを決める「選択方式」を打ち出した。中田宏市長は「私自身は参加しない」と明言した。ただし、横浜市の選択制も個人情報保護法制が整備されるまでの当面の措置だ。

総務省は離脱自治体に対して話し合いによる参加を促すが、不調に終われば「地方自治法に基づいて都道府県知事を通じて助言や勧告、是正の要求をしていく」（井上源三市町村課長）と強気姿勢を崩していない。

しかし、住民基本台帳事務は、自治体固有の事務であるため国が代わって執行することはできない。当面は参加を粘り強く促していくしか手段はなさそうだ。

相次ぐトラブルに不安拡大

「万全の体制を整えた」（片山虎之助総務相）はずの住基ネットの安全性はスタートからつまずいた。

「電脳村」として知られる富山県山田村は、コミュニケーションサーバー（ＣＳ）のハードディスクに異常があり、県に住民情報の更新データを送信できなかった。京都府八幡市と兵庫県高砂市では府県サーバーとの間でネットワークの接続ができなくなった。大阪市でも一時、接続不良となったほか、沖縄県渡嘉敷村ではファイアーウオールが正常に機能しなくなった。

総務省が住基ネットに関わるものとして認めた初日の障害はこれらの五件だけだ。実際には判明しただけでも、千葉県では四市で送信した個人データが受信できなかったほか、鹿児島県阿久根市で機器の接続が不正常となるなど全国で発生している。

さらに、インターネットにアクセスできる庁内ＬＡＮ（構内情報通信網）と住基ネットを接続していた自治体が二〇〇自治体にも上るとみられることが分かり、稼働直前になって総務省が切り離すよう指示していたことも発覚した。都道府県が運用するCS自体の不具合も稼働後に見つかった。スケジュールを優先した住基ネットの見切り発車が浮き彫りになったと言えるだろう。

地方自治情報センターは、コールセンターを開設して、住基ネット稼働に伴って相次ぐとみられる地方自治体からの照会に対応することにした。八月中の問い合わせ件数は、累計約五〇〇〇件。一日当たりの平均は二二〇件にも上った。職員を増員して対応せざるを得ないほどの数だった。しかし、同センターは九月二四日に都道府県会館（東京・平河町）で開いた、住民基本台帳ネットワークシステム推進協議会（各都道府県の担当部長級で構成）に運用状況をこう報告している。

①全国サーバーは障害の発生はなく順調に稼働、②全国ネットワークと、運用を受託している都道府県ネットワークは順調に稼働、③不正なアクセスはみられなかった。

わずかに、「各地方公共団体に設置したネットワーク機器の監視を実施しているが、障害が発生した場合には、地方公共団体、保守事業者と相互に連絡をとり、適切な対応措置を講じた」との報告をしたのみだ。

総務省市町村課の高原剛・住民台帳企画官も九月二六日に東京都内であった住基ネットのセミナーで、「第一次稼働は、若干の混乱の中でスタートした」との認識を示していた。

要するに書類上は、住基ネットは順風満帆の滑り出しとなっているようだ。

一方、自治体が通知する住民票コードをめぐるトラブルも相次いだ。

大阪府守口市では印刷ミスから他人の番号を誤って通知したほか、北海道美幌町や大阪府能勢町では「〇」で始まる番号で〇を省略してしまい、十ケタや九ケタで通知してしまった。富山県立山町や神奈川県大和市ではコード入りの住民票の写しを発行するミスが起きた。

通知は、多くは封書やはがきによる郵送だが、圧着シール式のはがきを中心に光にかざすと番号が透けて見える苦情が栃木県小山市に寄せられたことを皮切りに、青森県八戸市は発送を延期し、シールを張り直して送ったが、それでも「透ける」との苦情があった。仙台市は再印刷を決めた。半面、多くの自治体は「番号だけでは悪用はできない。過剰な反応だ」（山形県鶴岡市）として、特別な対策はとっていない。高まる住民のプライバシー意識に追いつけない自治体の鈍さが浮き彫りになった。

また、名古屋市での誤配は八月一五日現在で約四〇件。大阪市では郵便局員による誤配も起きている。宮崎市では宛名の印刷ミスで別の世帯に送ってしまった。

総務省は一世帯当たり封書の普通郵便料金に相当する約八〇円を地方交付税として支給しているが通知方法は自治体によって異なる。封書の普通郵便、シール圧着式はがき、受け取りを確実にするため料金の高い配達記録郵便を採用するなどさまざまだ。

先にも述べたが、福島県檜枝岐村（二一二世帯）のように村職員が直接手渡す自治体もある一方で、山形県三川町や朝日町、福島県金山町や名古屋市のように、漏洩など万一の事態が起きても改正住基法や地方公務員法、郵便法などの罰則が適用できない町内会長や通達員と呼ばれる非常勤職員に頼る自治体もある。

住基ネットに詳しい近畿大講師の岡村久道講師（情報法）は、こう指摘する。

「個人情報保護法が整備されておらず、（住基ネットの導入を）延期しろという声が高まる中、安上がりなどの理由で法律による罰則が及ばない第三者に委ねる姿勢は、大切な個人情報を保護すべき自治体としての自覚が足りない。近しい人の個人情報を見たいというのが人間の心理だ。自治体の甘い姿勢が新たな個人情報の漏洩を生んでいく」

本来、全国一律のセキュリティー基準を保つことが望ましい全国ネットでありながら、住民のプライバシー保護に対する自治体間の認識の差は、非常に大きい。

一九九九年五月に二二万人分の住民情報の漏洩が発覚した京都府宇治市。

久保田勇市長は「すべての自治体が同じセキュリティー基準を保ち続けるということはできるのだろうか」と述べていたが、通知方法の違いは、プライバシー保護に対する自治体の認識の差が大きいことを示した。久保田市長の悪い予感は的中したと言えないだろうか。

これに対して、総務省は八月七日、通知作業は慎重にするように自治体に要請したが、トラブルに関する全体の状況調査は実施しない方針。片山総務相は八月一七日の会見で「順調な滑り出しだ」と高まる国民の懸念をなおも突っぱねた。

「住基ネットは、自治体の手には負えないシステムだ」

埼玉県のある市の担当者の悲鳴だが、片山総務相には届かないに違いない。

背景には公務員への不信感

住基ネット稼働後も自治体の離脱の動きは止まりそうにない。

中野区が稼働後に離脱したことは既に触れたが、なぜこの時期を選んだのだろうか。

九月一一日に会見した中野区の田中大輔区長によると、区長自身は住基ネットには反対ではないと言う。むしろIT（情報技術）時代に必要な制度だという。住基法に従って法律通り八月五日には接続した。そしてこれまで日々、住民情報の更新データも都に送信してきた。

しかし、田中区長の解釈では、小渕答弁など国会審議の経緯などを考えると、九月一二日から始まった地方公務員共済組合など国の関係機関による住基ネットの利用には、個人情報保護に関する特別な対策が必要になってくるのだという。

中野区は、八月一四日付で片山虎之助総務相に住基ネットの安全保護策について照会した。九月一〇日に総務省からあった回答を検討したところ、①住基ネット稼働の前提だった個人情報保護法の制定に代わる措置が講じられていない、②市区町村には国に対する調査権がない、③個人データを保有する地方自治情報センターから国への提供手段への安全策が不明確、④個人データの提供を受けた国側の関係者の閲覧範囲があいまい——などの問題点が浮かび上がった、という。

このため同区は、「プライバシー侵害の恐れが払拭できない」と判断し、離脱を決めた。ただし、中野区では新生児への付番は従来通り行なう。

田中区長は離脱の違法性について「区民の個人情報について適正な措置を講じることを求めた住基法や個人情報保護条例に基づく措置だ」と述べ、適法性を強調した。

中野区は個人情報保護法が整備されていない状況で、国が住民情報を利用することは、プライバシー侵害に当たる、と認定したということになる。本人確認情報の利用は既に都道府県や市区町村では始まっており、裏を返せば、国が利用しなければ参加はしていたということにもなる。

田中区長は、住基ネットへの再接続の条件に、個人情報保護法の制定を挙げたが、政府案については「十分だとは思っていない」との認識を示したうえで、「成立した法律を見てから改めて考える」と話した。

三重県小俣と二見の両町は接続したが、このうち二見町は選択方式導入も検討課題だという。北海道ニセコ町や東京都国立市をはじめ、三〇〇〇人を対象に市民アンケートを実施した埼玉県志木市も離脱を視野に検討していくとみられている。

多くの自治体で個人データの漏洩が起きた場合などは国の判断を待たずに、独自の判断で接続停止できる規定の制定や個人情報保護条例の改正を行なうなど「離脱予備軍」が五市区町の後ろに控えている。一度でも大きな漏洩事件が発生すれば、相次ぐ自治体の離脱で、住基ネットの存在そのものが問われる事態に発展する可能性は大きい、と言える。

さらに、愛媛県丹原町千原地区（二一世帯、五九人）は八月一九日に住基ネットに異議を唱える文書を町に申し入れたが、意見の異なる住民が集まる自治組織がそろって要望するのは異例だ。

警察官が個人情報を民間業者に売りさばき、防衛庁が情報公開請求者を不審者扱いする時代だ。住基ネットへのこうした強い拒否反応には、国や市区町村の公務員は住民情報を悪用しているのではないか、という不信感が背景にある。

三重県四日市市役所では二〇〇二年六月には、職員が市民約三〇万人分の家族構成や本籍、納税額などの個人データのデータベースを自由に興味本位で閲覧していたことが発覚し、プライバシー保護への認識の甘さが批判を受けた。

熊本市では県警の警察官が住民基本台帳や戸籍の原簿を職員の立ち会いのないまま、長年にわたって自由に閲覧させていたことが七月に分かった。

住基ネットに詳しい関西大の園田寿教授（刑法）は「情報の漏洩の多くは内部犯行だ。国民全員を対象にした巨大なデータベースによる流出の危険性は現在の比ではない。行政事務をプライバシーに優先する制度は本末転倒で、『行政サービス』の名に値しない」と批判する。

相次いだ付番拒否の電話相談

住基ネットに反対する市民グループ「住基ネットの八月五日実施を許さない実行委員会」が開設した「電話相談」には二〇日間（八月六日～同月二五日）で七三二件の問い合わせがあった。相談者は女性が多く、年齢は三〇歳以上が大半だった。

そのほとんどが番号を拒否するための方法の相談だった。

実行委は番号を付けることは法律で決まっていることを説明した上で、①市区町村から郵送される住民票コードの受け取りを拒否する、②行政に対して番号を付けないでほしいという手紙を書いて返却する、③個人情報保護条例に基づいて利用の停止を請求する――ことなどを助言した。

こうした請求文のひな形も準備した。

このほかに目立ったのは、ＤＶ（ドメスティック・バイオレンス＝配偶者の暴力）の被害者や性同一性障害の人からの深刻な相談だ。

ほとんどの自治体は世帯単位で通知票を郵送しており、夫の暴力から逃げ出した三〇代の女性は「自分の住民票コード（番号）が夫に知られるのは耐えられない。番号を手掛かりに、いずれは自分の所在も突き止められるのではないか」と不安を訴えた。子供の暴力から家を出た母親（五九歳）は「住民票のある市役所に聞くと、逃避先には通知票を送れないという。受取人不在で戻ってきた場合は、居住の実態がないものとして住民登録を抹消することもあると言われた。どうすればいいのか」と尋ねた。

性同一性障害の人からは「来年八月から配布される住民基本台帳カードには性別が記載される。運転免許証には性別の表示はないのに、プライバシー侵害だ」との声も寄せられた、という。

実行委メンバーの白石孝さんは「思想・信条の自由にもかかわる通知票を世帯単位で送る問題点

も浮かび上がった」と相談内容を分析。「片山総務相は黙っている人は賛成だという考えらしいので、拒否の意思をはっきり示すことが重要だ。潜在的に不満を持っている人は非常に多い」と話した。

カギ握る個人情報保護法案の行方

個人データの悪用などの不安を和らげるためだとして、片山虎之助総務相は八月一七日の津市での会見でアクセスログ（通信記録）の開示制度導入について意欲を示した。ログが開示されて、自分の個人データがどのように使われているかが分かれば、不正防止策として有効だと考えられているからだ。

四日市市役所の職員が悪用したケースでは、市から開示を受けたログを分析した結果、職員による悪用が判明した。ログの開示が不正を暴いた。

多くの人の期待感も広がったが、総務省は「大臣の個人的な考えだ。住基ネットは自治体のシステムで、総務省から提案すべきものではない」（市町村課）として、その後はたなざらし状態。

九月四日に都道府県会館で開かれた全国知事会主催の片山総務相と知事との住基ネットをめぐる意見交換会でも、改めてこうした法の不備についての指摘が相次いだ。

この会合には、事務局の予想を上回る二九都道府県の知事（代理を含む）が出席するなど、住基

住基ネットをめぐって開かれた片山総務相（中央）と知事との意見交換会＝東京・平河町の都道府県会館で、2002年9月4日

ネット問題に対する知事の関心の高さを示した。

兵庫県の井戸敏三知事は、防衛庁リスト問題を例に挙げて、国による悪用の懸念を示し、「自治体には国（の悪用）に対する是正命令権もない」と不満を述べた。会合の座長役を務めた梶山拓・岐阜県知事も「（国への）是正命令権の創設など制度改正を要求していきたい」と会見で述べるなど井戸知事に同調する姿勢を示した。

しかし、片山総務相はログの開示について「経費がかかる。なお検討させてほしい」と従来の個人的見解を繰り返したほか、是正命令権については明確な回答をしなかった。

なお、意見交換会の席上、芳山達郎・

自治行政局長は「開示制度については都道府県の判断が必要だ。住民基本台帳ネットワークシステム推進協議会で早急に議論したい」と、約束せざるを得なかった。今後の法改正論議が注目される。

一方、住基ネット離脱自治体はこれからどうなるのか。

当面の間を「市民選択方式」での参加としている横浜市。同市は九月二日、神奈川県を通じて地方自治情報センターへの個人データの送信を停止することを希望する市民の「本人確認情報非通知申出書」の受け付けを始めた。

横浜市の選択方式は、希望しない場合に限って送信しないという方法のため、何もしないと参加にカウントされてしまい、個人データは送信されてしまう。いわば、無関心は住基ネットに賛成と自動的にみなされてしまうのだ。

一四五万八〇〇〇世帯（三四五万人）に住民票コードの通知書や「非通知申出書」を八月三〇日から始めている。受け付け期限は一〇月一一日までだが、九月一三日現在の希望者数は一三万三八四七人。二七日には三九万六三八六人にまで増えた。

不参加を呼び掛ける市民グループ「住基ネットに『不参加』を！　横浜市民の会」も八月二一日に発足した。

「横浜市民の会」の宮崎俊郎・共同代表は「一〇〇万人を目標にしたい」と語るなど、横浜市民がどんな意思表示をするかに注目が集まっている。

ところで、横浜市をはじめ住基ネットに接続していない五市区町も個人情報保護法案が成立すると再接続を求める国の圧力も一段と高まり、参加に追い込まれるのではないかという見方が一般的だ。

ある離脱自治体の首長は「どんな内容でも個人情報保護法案が成立すれば住基ネットに参加せざるを得なくなるだろう」と明かした。

各離脱自治体とも基本的には個人情報保護法の成立を再接続の条件にしており、個人情報保護法案の行方がこれらの自治体の今後のカギを握ることになりそうだ。

2

個人情報は守れるか

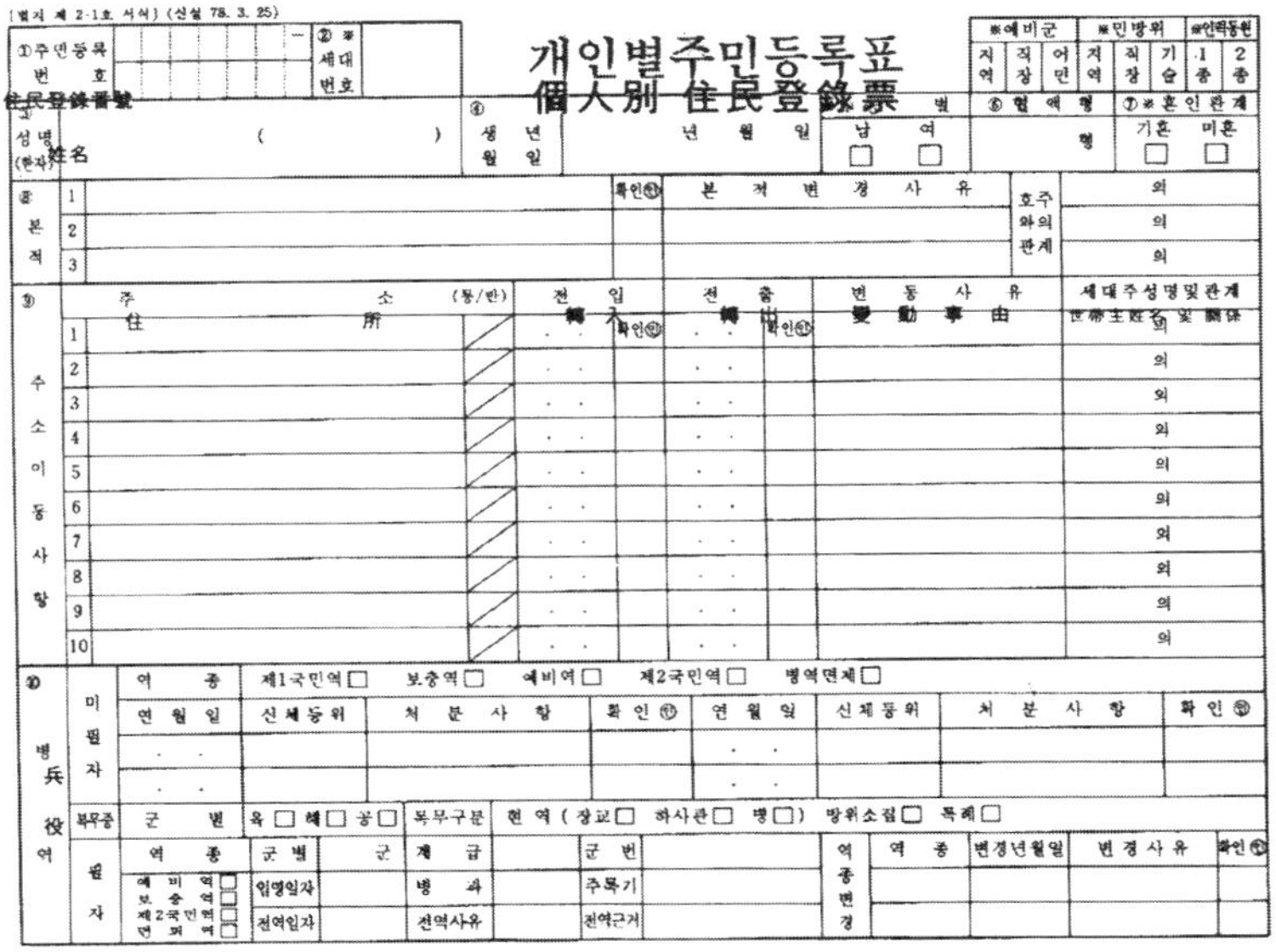

[별지 제 2-1호 서식] (신설 78. 3. 25)

개인별주민등록표
個人別 住民登錄票

①주민등록번호 住民登錄番號 ②※세대번호

※예비군 (지역 직장 어민) ※민방위 (지역 직장 기술) ※인력동원 (1종 2종)

③성명(한자) 姓名 ( ) ④생년월일 년 월 일 ⑤성별 남 □ 여 □ ⑥혈액형 형 ⑦※혼인관계 기혼 □ 미혼 □

⑧본적 1 2 3 확인㊞ 본적변경사유 호주와의관계 의 의 의

⑨주소이동사항 주소 住所 (통/반) 전입 轉入 확인㊞ 전출 轉出 확인㊞ 변동사유 變動事由 세대주성명및관계 世帶主姓名 및 關係

1–10 의

⑩병역 兵役

미필자: 역종 제1국민역□ 보충역□ 예비역□ 제2국민역□ 병역면제□

연월일 신체등위 처분사항 확인㊞ 연월일 신체등위 처분사항 확인㊞

복무중: 군별 육□ 해□ 공□ 복무구분 현역(장교□ 하사관□ 병□) 방위소집□ 특례□

필자: 역종 예비역□ 보충역□ 제2국민역□ 면제역□ 군별 군 계급 군번 입영일자 병과 주특기 전역일자 전역사유 전역근거

역종변경: 역종 변경년월일 변경사유 확인㊞

Chapter 1

杉並区の戦い

東京都杉並区が二〇〇二年八月五日、住民基本台帳ネットワークシステム（住基ネット）から離脱した。山田宏区長が二〇〇〇年六月の定例区議会で示した住基ネット参加への慎重姿勢は、住基ネット拒否へと結びついた。住基ネットの稼働直前まで同区に追随する他の市区町村からの動きはなかった。孤立無援の中でも諦めなかった問題提起は、住基ネットの根幹を揺さぶり続けてきた。杉並区の二年間にわたるこれまでの戦いぶりを振り返ってみたい。

孤立無援の杉並区

二〇〇一年六月二六日、東京・永田町にある参院議員会館の一階会議室。住基ネットに反対する衆参の国会議員でつくる「国民総背番号に反対し住基ネットの見直しを求める会」が会合を開いた。

この会は民主党議員を中心に五月二五日に発足したばかり。二〇〇二年九月の民主党代表選に若手候補として名乗りをあげた野田佳彦・衆院議員（千葉四区）が呼び掛け人だ。野田氏は、衆院内閣委員会の野党筆頭理事。第一五四回国会（二〇〇二年一月二一日～七月三一日）では、表現・報道の自由への制約が懸念されている個人情報保護法案の廃案を目指し、与党との折衝に当たった。初会合でのヒアリングは、住基ネット廃止を求めるフリージャーナリストの櫻井よしこ氏から行なった。

この日の第二回会合は、山田区長が中心だった。区長は二〇〇〇年六月一四日の区議会で住基ネットについて、「個人情報の保護という観点から、大きな危惧を抱かざるを得ない」と答弁した。この答弁の意とするところは、もちろん住基ネットへの参加をしたくないという表明だ。総務省（当時は自治省）をはじめ全国の地方自治体に衝撃を与えた。

「住基ネットの見直しを求める会」では、その山田区長から話を聞こうということになったわけだ。

杉並区はこの時期、二〇〇一年度の当初予算での住基ネット関連経費の計上を見送るなどぎりぎりの抵抗を続けていた。区が二〇〇一年二月に実施した区民アンケートでは約三四〇人が回答を寄せ、そのうち約七割が「導入に疑問」と答え、区の姿勢を支持していた。抵抗が続けられたのは杉並区の住民の支持だった、とも言える。

区長は開口一番、こう苦言を呈した。

「改正住基法が成立した際に行なった、国民の理解を得るための努力を政府に求めた国会決議はどうなったのか。あと一年後に国民全員に番号がつけられようとしている。それにもかかわらず、ほとんどの国民はいまだに知らない状態のままでいる。

野党の鈍い動きには、出席議員自身からも「異常な国会で成立したいきさつを忘れかけていた」と反省の声も出たほどだ。区長の苦言には、住基ネット導入に慎重姿勢を表明して一年を過ぎても、同じように疑問の声を上げる自治体が依然として現われないことへの焦りもあったようだ。

「杉並区のように反対する自治体はないのか」

議員の質問に、山田区長は典型的な首長の住基ネットに対する考え方をこう解説してみせた。

「一般的な首長の気持ちは、ＩＴ（情報技術）化には乗り遅れたくないが、二一万人分の住民基本台帳の個人データが流出した京都府宇治市のように、何か問題が起きても困る。しかし、法律に従わないわけにはいかない」

山田区長の口調は、明らかに苛立っていた。

杉並区長発言で再び注目集まる

住基ネットの導入が決まった経緯を、ここで改めて振り返ってみたい。

住基ネットは、一九九九年八月に成立した改正住民基本台帳法（改正住基法）で導入が決まった。一九九九年の第一四五回国会（一月一九日〜八月一三日）では、通信傍受法（盗聴法）や「国旗・国歌法」、「日米防衛協力の指針（ガイドライン）関連法」などの重要法案が次々と成立した。

その一つが、改正住基法案だ。

参院の地方行政・警察委員会の委員長は、同法案に反対する野党の民主党が占めていた。このため、自自公は、委員会での討論と採決を省略。本会議で地方行政・警察委員長の中間報告を受け、採決して成立を図るという、実に二四年ぶりという強硬手段を取った。

先の国会議員の会合で議員が「異常な国会で成立した」と述べたのは、このことを念頭に置いていたとみられる。民主的手続きを踏んだ上で成立した法案なのか、という疑問だ。

民主党は、改正住基法成立後の最初の国会となった九九年秋の臨時国会を皮切りに、国会が開かれるたびに、改正住基法の廃止法案を提出してきてはいた。しかし、党内には住基ネットに賛成する勢力も抱え、取りあえず形式的に反対しているという印象は否めず、本気で、廃止に追い込むほどの動きにはつながっていなかった。

実際、二〇〇一年一二月七日に閉会した臨時国会では、同党が提出した議員立法による法案の中で、同月三日に提出した改正住基法廃止法案のみが次の二〇〇二年通常国会へ継続審議とならず廃案となっている。

住基ネットへの関心が薄まる中、次に注目を集めるようになったのは、二〇〇〇年六月一四日の区議会における山田区長の住基ネット参加への慎重姿勢だった。

しかし、波風を立てないようにしながら住基ネット稼働にこぎ着きたい総務省は、さまざまな形で杉並区の動きを牽制していく。

同省は二〇〇一年四月、全国の自治体を対象に二〇〇一年度当初予算の計上状況と、議会の質疑状況の調査を実施した。

杉並区はこの調査自体に、猛反発した。同年六月五日の定例区議会本会議で、四居誠・区民生活部長は「国が地方公共団体の議会の質疑内容まで回答を求めてくることは通常は考えられず、異例だ。今回の調査が、予算の計上状況と議会質疑の二点に絞られていたこともあり、住基ネットに慎重な態度を示している当区を意識したもの」と答弁し、不快感を表明した。

二〇〇一年度は地方自治情報センターの示した住基ネット構築計画上では構築経費を予算化し、必要な基本的機器の購入、リース契約を行なうこととされている。

ところが、この時点では、杉並区は住基ネットへの参加を全国で唯一、表明しておらず当初予算にも関連経費を盛り込んでいなかった。続く二〇〇一年の六月定例議会でも予算措置を見送った。杉並区にとっては、総務省の異例な調査は踏み絵に映ったのだ。

〝脅し〟も辞さず

さらに、総務省は杉並区に対して揺さぶりをかけた。

総務省は二〇〇一年四月に杉並区にある見解を示した。総務省の見解は、杉並区が同省の調査に合わせた格好で行なった質問に答える形で示された。

見解は「（住基ネットの）実施が困難となったことが明らかになった時点で、住民基本台帳法違反になる。法施行の時点で、その違法性が明白になる」と、杉並区に対して不参加は違法との改正住基法の公式解釈を初めて示した。総務省によると、具体的には、住基ネットの構築にかかる時間を勘案すると、二〇〇一年九月定例区議会での関連経費の予算化が図られなければ「違法状態」になるというのだ。

杉並区は住民基本台帳事務は、自治体が独自に行なう固有の「自治事務」であることに着目した。行政法の専門家や弁護士らに相談し、自治体の判断で合法的に参加しないことができるかどうかの道を探っていた最中にあった。山田区長は議会で「法律に違反することはしない」と繰り返し答弁しており、違法を承知で不参加を選択する余地はなかった。

見解はこうした動きを制する明らかな〝脅し〟であり、同省は法令違反を盾に、九月定例区議会での関連予算の計上を暗に同区に迫っていた。

山田区長は「住基ネット不参加が違法でない可能性がわずかでもあれば、国地方係争処理委員会への審査申し立ても視野に、抵抗していく」と決意を示すものの、離脱を考えた場合、取り囲む状況は不利な材料ばかりだ。山田区長は「二の矢、三の矢の準備はしている」と言うのだが……。

二〇〇一年七月一三日に開かれた区情報公開・個人情報保護審議会（会長・江藤价泰都立大名誉教授、委員二〇人）では、総務省の「法令違反見解」をめぐり、住基ネット導入に反対する市民側代表の委員と、早期の予算化を推進する区議会与党議員の議論が激しくぶつかり合い、収拾がつかなくなる様相を呈した。

ある自民党区議がつぶやいた。

「区長には（混乱の）責任を取ってもらうしかない」

「そうだ、そうだ」

隣にいた別の自民党区議がこれに応じた。

山田区長自身も、住基ネット導入を求める区議会与党の質問には、再三にわたって「法の範囲内で行動していきたい」と答弁しており、「敵」は、総務省ばかりではないのだ。

関西大学と京都大学の研究者でつくるプライバシー保護法制に関する合同調査グループは七月三〇日から八月二日、韓国が住基ネットと同様なシステムの導入を断念した経緯を探るため、現地でヒアリングを実施した。区長も参加した。

最終日の二日、山田区長はソウル市内で一緒に参加した住基ネット導入に反対する河村たかし衆院議員らとともに記者会見に臨み、こう感想を述べた。

「『便利さ』と表裏一体な関係にある『プライバシー』を考えさせられつづけた。住民番号というのは一度与えられると、いずれ民間利用にも広がっていく。番号から個人の活動履歴が分かってしまう。こうした点を杉並区民に訴えていきたい」

山田区長は帰国後の八月二一日に区情報公開・個人情報保護審議会に対し、住基ネット導入に関連し、区として取り組むべき個人情報の保護指針の在り方を諮問した。

そして、同審議会がこの日に示した答申は、プライバシー侵害の恐れがあると区長が判断したときには、東京都や他自治体への住民情報の提供を一時中止できる権限を持たせるなど、一定の歯止めをかける条例制定を求める内容だった。

答申は、「住民基本台帳ネットワークシステムが稼働した場合、住民票記載事項の漏洩や不適正な利用により、区民の基本的人権が侵害される恐れがある」と明記した。そのうえで区長に対しては、住基ネットを通じて東京都知事に送信する事項は、①法に定める本人確認情報に限る、②区民の基本的人権が侵害される恐れがある場合、区長は必要な措置を講じる、③住基ネットを通じて行なった送受信に関する苦情処理の妥当性について、必要に応じて審議会に部会を設置する――ことなどを求めた。

「必要な措置」とは、杉並区民の個人情報が漏れたり、目的外利用などの不正利用に対して、関係者に対する質問や勧告、場合によっては、他の市区町村などに対する住民情報の提供自体を中止することも想定しているという。これらに違反した場合は罰則も設けるという。

江藤会長は「個人情報を一元的に管理することはよくない」との考えを示したうえで、「法律で定めている以上、導入はやむを得ないだろう。杉並区の態度は白紙だが、決める前に住基ネット導入に際して対応を求めることにした」と述べた。

答申の全文は次のとおりだが、内容を簡単に説明すれば、住基ネット参加の条件として、いつでも離脱できる条例の制定を杉並区に求めたということだ。

◇　◇　◇

一三年度答申第一七号
平成一三年八月二一日
杉並区長　山田宏あて
　　杉並区情報公開・個人情報保護審議会
　　　会長　江藤　价泰

杉並区情報公開・個人情報保護審議会（以下、「審議会」という。）は、平成一三年八月二一日付「一三杉政総発第二〇三五号」をもって諮問のあった、住民基本台帳法の一部を改正する法律（平成一一年法律第一三三号）の施行にあたって、区民の個人情報保護の観点から、区の住民基本台帳事務の取扱いに関し取るべき措置について審議の結果、下記のとおり結論を得たので答申します。

記

住民基本台帳法の一部を改正する法律（平成一一年法律第一三三号。以下、「法」という。）が施行され、いわゆる、住民基本台帳ネットワークシステム（以下、「住基ネット」という。）が稼働した場合、住民票記載事項の漏洩や不適正な利用により、区民の基本的人権が侵害される恐れがある。

また、住民基本台帳事務の中に、個人情報保護の観点から対策を講じる必要がある事務もある。

そこで、住民基本台帳事務を適正に実施し、区民の個人情報保護を図るため、区は、次のような措置を取る必要がある。

(1) 住基ネットを通じて東京都知事に送信する事項を法に定める本人確認情報(氏名、出生年月日、男女の別、住所、住民票コード、政令事項)に限ることを明確にする。

(2) 区民に係る住民票記載事項の漏洩や不適正な利用により、区民の基本的人権が侵害される恐れのある場合、区長は関係機関への照会や審議会の意見を聴いた上で、区民の個人情報保護に関し必要な措置を講じること。

(3) 住基ネットを通じて行った送受信の処理状況や当該処理に関する苦情について、毎年、定期的に、審議会に報告する。

(4) 住基ネットを通じて行った送受信に関する苦情処理の妥当性について、必要に応じて判断するために、審議会に部会を設置すること。

(5) 住民基本台帳の一部の写しの閲覧請求について、請求の目的が明らかに不当であるとき、又は閲覧により知りえた情報を不当に使用する恐れがあり、それにより区民の基本的人権を侵害する場合には、当該請求を拒否すること。

(6) 住民基本台帳の一部の写しを閲覧させることにより、あるいは、住民票の写しを交付することにより、個人の生命及び身体に切迫した危険が及ぶ可能性が予見できる場合、当該本人からの申請があれば、閲覧や交付を拒否すること。

(7)　住民票記載事項が不正に流出した場合、当該行為者に対し、当該住民票記載事項の回収等の措置を命じること。また、当該行為者が正当な理由なく命令に従わないときは、罰則を課すこと。

◇　◇　◇

法律に対抗する条例の制定――。日本の法体系上、条例の上位にある法律が下位の条例に制約されるはずはないのだが、あえて制定を提言したところに地方自治という政治的な意味合いが重なってくる。

山田区長は、二〇〇一年九月三日に記者会見し、答申を受けた同区の方針を発表した。それは、住基ネットへの参加を表明するとともに、「住基プライバシー条例」の制定だった。

杉並区の会見内容を毎日デイリーメール・インターネットでは、次のように本記、解説、識者談話の三本の記事を配信して大きく報じた。

◇　◇　◇

住民基本台帳ネットワークシステム（住基ネット）への参加を見合わせていた東京都杉並区の山田宏区長は三日会見し、住基ネットへの参加を表明した。九月定例区議会に住基ネット導入経費として約三八九〇万円を計上する。また、住基ネット対策として、九月議会に「住民基本台帳の個人

区長の判断で住基ネット離脱ができることを盛り込んだ「住基プライバシー条例」を賛成多数で可決した杉並区議会＝2001年9月21日

情報保護に関する条例案（住基プライバシー条例案）」を提出する考えを示した。住基ネットに歯止めを講じた条例は全国で初めて。山田区長は「反対の立場であることには変わりない」としながらも、「不参加の道を探ったが、参加するかどうかは自治体の判断とする法律解釈は極めて困難だ。参加せざるを得ない」と理由を述べた。

同条例は、全一一条で構成。住民情報の不適正利用についての措置を定めた六条では、区長が「漏洩又は不適正な利用により、区民の基本的人権が侵害されるおそれがある」と判断した場合、国に対して「報告」や「調査」を求めるとともに、区長に「必要な措置」を講じる権限を与えた。

具体的には、各省庁や他の自治体で住民情報が外部に漏れた場合や、法改正による利用事務の拡大があった場合の適用を念頭に置いている。適用をめぐって、法と条例が対立することも想定されるが、その際は、区から提訴して司法判断を求める見通しだ。

山田区長は、IT（情報技術）化に伴う陰の側面をクローズアップしながら、他の地方自治体に対しても同様の条例の制定などを呼びかけるとともに、日弁連にもプライバシー保護の観点から、政策採用を働きかけていく。

住基ネットは、国民全員に十一ケタの住民票コード（番号）を割り当て、氏名、住所など六種類の個人情報をコンピューター管理し、国などの事務に利用するシステム。改正住民基本台帳法で来夏の稼働が決まった。

＊国の乱用に歯止め

東京都杉並区の山田宏区長が住民基本台帳ネットワークシステム（住基ネット）への不参加を断念した背景には、総務省が今年四月に示した「参加しない場合は法令違反」との見解がある。山田区長は、昨年六月議会で慎重姿勢を表明して以降、「法令違反かどうかが灰色であれば、国地方係争処理委員会で争う」として、「住民基本台帳事務は自治事務で、参加するかどうかは自治体の裁量」という法解釈が成り立つかどうか、可能性を探ってきた。

しかし、総務省は「九月議会までに予算化していない場合は法令違反」を示唆するなど、区への圧力を強めてきた。山田区長は、区議会に対しても「法の範囲内で行動していきたい」と繰り返し答弁するなど、ぎりぎりの判断を迫られていた。

一方、区情報公開・個人情報保護審議会が八月二一日に出した答申は、区長に住基ネット離脱を可能にする条例の制定を求めた。今回の条例は答申に沿ったもので、他の自治体にも同様の条例が広がれば、国による住民情報の利用拡大に一定の歯止めをかけることはできる。こうした「条件付き参加」が広がるかどうかが、今後の焦点になるだろう。

＊「プライバシー保護を優先した画期的な条例」園田教授

住基ネットの問題に詳しい関西大学法学部の園田寿教授（刑法）の話

個人情報には、（プライバシーという意味での）私的な価値と（政策決定の基礎になるという意味での）公的な価値の両面がある。住基ネットは、この個人情報の公的な価値を優先させた構想だ。しかし、個々の自治体がもつ個人情報が全国的にネットワーク化されると、そこに巨大な個人情報データベースができ、京都府宇治市で一九九九年に約二一万人の住民基本台帳データが漏れたように、個人情報の大量流出の危険性が高まるだけではなく、当初の収集目的に反した乱用の危険性もある。

個人情報保護条例をもっている多くの自治体では、自治体のコンピューターを外部に接続することを原則禁止にしているところがほとんどだ。外部のシステムと結合する場合には、案件ごとに第三者からなる審議会などの意見を聞いて慎重に対処してきた。

住基ネットは、ある意味ではこのようなプライバシー保護のための手続きをいっきに飛び越えるものであり、根本的な疑問がある。

杉並区の今回の条例は、個人情報の公的な価値よりも私的な価値を守ろうとするものであり、プライバシー保護を最優先した画期的な条例といえる。他の自治体でも追随するところが出てくるのではないか。

◇　◇　◇

杉並区議会は二〇〇一年九月二一日「住基プライバシー条例」を賛成多数で可決、区長の判断で住基ネットを離脱できることになった。山田区長は二〇〇二年八月一日に住基ネット離脱を表明し、この条例に基づき同月五日から住基ネットへの接続を見合わせたが、この時点で実際に条例が発動されることになるとだれが予想しただろうか。

山田区長「住基ネット凍結を」

山田区長に住基ネットに対する考えについてインタビューした。

山田区長は、東京都八王子市生まれ。京都大学法学部卒業後、松下政経塾を経て、八五年に東京都議会議員（二期）。九三年に日本新党から衆院選に出馬して初当選。衆議院議員（一期）をへて九九年四月から現職だ。

――杉並区は住基ネットについて疑問を投げかけ続け、住基ネットも離脱した。住基ネットをど

住基ネットからの離脱を表明する東京都杉並区の山田宏区長＝2002年8月1日、杉並区役所で

う思うか。

山田区長　まず全国どこでも住民票の写しを取得できるというサービスの割にはカネがかかり過ぎ、税金の無駄遣いだ。そもそも全国どこでも住民票の写しを取りたいという国民の要望があるのか。

総務省には、強制的に国民に番号を付与することで将来的には別の目的に利用しようという思惑があるのだろう。法律を改正すれば可能だ。

介護保険番号と一緒に使うことになれば、介護保険には多数の民間事業者が参入しており、住民票コードから介護情報に含まれる個人情報が民間に流れることになるかもしれない。この事業者が倒産した際などに情報が外部に漏洩しないとも限らない。

さらに、政府税制調査会では、納税者番号に利用したらどうかという声が早くも出ている。国民名簿を持ちたいという国の思惑が透けて見える。

ところで、そもそも権力がいつも正しいことをするのか、ということに対して、住民が適度の疑念を持つことが重要だ。警察でも個人情報を売る時代に、名寄せが容易になって、政治的な反対者の情報を外部にリークするということが行なわれないという保証などない。便利さを求めて安易に統一・共通番号を導入するのは危険だ。慎重の上にも慎重に対応する必要がある。

個人は、個人情報を管理し、他人に個人情報を支配されない権利がある。納税者番号だったら納税者番号、介護保険番号だったら介護保険番号と別々にした方がいい。もちろん基礎年金番号も同じだ。犯罪歴を管理する番号にしろ、介護保険番号にしろ基礎年金番号や住民票コードにしろ異なる分野の個人情報を一つの番号で結合することを禁止する法律をつくってほしい。

――いろんな首長に聞くと積極的に導入したいという声は余り聞かない。

山田区長　実は市区町村の担当者や首長自身が無駄な仕組みだということを一番よく分かっている。普通の区職員の感覚から見ても住基ネットは必要ないという意見が多い。国の「地方交付税交付金」の減額を恐れて、表立って反対できないだけだ。

――改正住基法は九九年八月に政府・与党が野党の大きな反対の声を押し切って成立させた経緯がある。国会での議論をどう思うか？

山田区長　国会内ではよく議論されていたように思うが、国民的議論にまで広がらなかった。プライバシー侵害が危ぐされる重大な法律であるにもかかわらず、国民の間で問題が提起されたとは言えない。

総務省に対して同省が発行する住基法に関するパンフレットの送付を求めたら「各自治体は二部ずつだ」と言われたことがあった。基本資料がないままでどう区民に説明すればいいのか。多くの区民は住基ネットの内容を知らなかった。「総務省は国民に法律の内容を知らせないようにして物事を進めようとした」と受け止められても仕方がないのではないか。国会は住民に理解と協力を求めることを決議したが、国はその努力をしているのだろうか。

——住基ネットについては、総務省（旧自治省）の外郭団体「地方自治情報センター」がシステムの中核を運営・管理することになっている。

山田区長　総務省が言っているだけのサービスを提供するのに全国センターを設けてまで行なう必要があるのか。そんなピラミッドみたいな大がかりな仕組みとしなくても、地方自治体を専用線で結べば十分だ。もっと経費のかからない方法などいくらでもある。

——国、自治体など行政機関の保有する個人情報の保護が問題になっている。

山田区長　区長になって気付いたのは地方自治体の保有している住民の個人情報というのはすさまじく細かく、多いということだ。

個人情報問題に詳しいある弁護士は「個人情報の漏洩・流出の八割から九割はヒューマンエラー（人的事故）だ」と言っていた。いつ、どんなふうに漏洩するかはわからない。個人情報が漏れないということの実証実験を国民の不安が取り除けるよう納得がいくまで行なうべきだ。

個人情報を盗む者は確信犯だ。個人情報は一度漏洩すると回収は事実上、不可能だ。そういうシステムはそもそもない方がいい。

——住民票コードの利用は、電子政府・電子自治体の構築に不可欠なのでしょうか。

山田区長　住民票コードが国民全員に強制的に割り当てられることになる。納税者番号や社会保障番号と大きく異なる点だ。住基ネットの住民メリットは、住民票の写しが全国どこの自治体でも取ることが出来る程度だ。それでも電子政府・電子自治体によるサービスを受けたい人もいるだろう。公務員による個人情報の悪用や、漏洩などのリスクを理解したうえで、国民が自分の責任で番号を取得してメリットを享受すればいい。強制ではなく、任意・選択制にしても電子政府・自治体は構築できる。ＩＴ社会への強制参加はおかしい。むしろ、ＩＴ社会を口実に国民が政府の鎖につながれていくことを懸念している。

——区長は住基ネットを八月五日に稼働させた政府の法律違反を指摘しているが。

山田区長　改正住民基本台帳法附則第一条一項では「三年以内の施行」を定めている。しかし、自民、自由、公明党からの議員修正で加わった同条二項では「所要の措置を講ずる」として個人情報保護法の制定を求めた。一項は後から加わった二項に当然、拘束される。改正住基法の制定経緯を考えると、個人情報保護法の制定を意味していることは明らかだ。住基ネットからの離脱を政府は法律違反と言っているが、政府こそ立法者（国会）の意思を軽視し、明白な法律違反を侵している。

——個人情報保護法案には問題が多いですが。

山田区長　看板に「個人情報保護」と書いてあるだけではだめだ。政府案は、メディア規制の問題や、防衛庁による情報公開請求者のリスト作成問題で明らかになったように官による目的外利用には罰則もないなど問題だ。確固たる個人情報保護法ができるまでは、住基ネットには参加しない。政府は、ヒツジの肉だと言って、イヌの肉を売ってはいけない。

国はもう一度法律を考え直し、そして住基ネットの運用を一時凍結してもらいたい。

法改正求め署名運動を呼び掛けへ

「総務省は、全力で住基ネット参加を説得すると言っているらしいが少なくとも杉並区には八月五日に東京都の担当局長が来ただけだ。東京都は『参加して下さい』。これに対して杉並区は『都に送った区民の送信データを消去して下さい』。これだけだ。以降何の音沙汰もない。総務省は杉並区には何を言っても言うことを聞かないとでも思っているのかもしれない。むしろ意識的に無視して、ひたすら個人情報保護法が成立した後の参加を待っているのではないか」

住基ネットの稼働から一カ月ほどたった九月四日。

山田宏区長を杉並区役所に訪ねると、拍子抜けしたようなこんな言葉が返ってきた。

水面下では激しいつばぜり合いが展開しているのだろうと〝期待〟していたからだ。

杉並区が区民を対象に実施した住基ネットについてのアンケート（七月九日〜九月五日）によると、回答した五六二九人のうち約八二％（四一一〇人）が「凍結・延期すべきだ」。これとは別に八月一日の離脱表明後にインターネットで行なったアンケート（六四九人）でも「区の方針を支持する」は約八五％（五五三人）で、「参加すべきだ」の約一二％（七八人）を大きく上回った。

「参加しなかったことによる苦情は全くない。区の方針を理解してもらえた」

区民は杉並区の判断を圧倒的に支持していることが数字でも裏付けられた。

総務省の「地方自治法に基づく勧告もあり得る」との威勢の良さとは裏腹に、総務省と杉並区の間は冷戦状態となっているようだ。

山田区長は九月四日夜に、後援会関係者らと会った。住民基本台帳法の改正を求める署名活動の呼び掛けを考え始めていたからだ。山田区長は、こう打ち明けたという。

「杉並区は五〇年前に主婦によって世界に広がった原水爆禁止を訴える署名運動の発祥の地だ。住基ネットについては、市民が参加するかどうかを決めることができるよう法改正を求める運動を呼び掛けたい」

全員が賛成した。

山田区長は住基ネットの関連予算の計上がやむを得ない情勢となった二〇〇一年夏にこう語っていた。

「住基ネットへ参加は拒否できそうにない。しかし、一度退却して態勢を整え、二の矢、三の矢を用意することが重要だ」

いま、この言葉の意味を当てはめると、二の矢が住基ネット離脱権を区長に与えた住基プライバシー条例の制定で、この条例を適用して実際に離脱したのは三の矢だったのかもしれない。

今回、杉並区とともに離脱をしなくても、情報漏洩など万一の際には地方自治体の判断で離脱できる条例や規則を住基ネットの稼働前後に制定する自治体が全国で相次いだ。

山田区長はいま、次なる矢を引こうとしている。

Chapter 2

宇治市の苦悩

住民基本台帳に掲載されている個人情報が大量に外部に流出する事件が発覚した京都府宇治市。個人情報の大量流出への不安は、国会で審議中だった改正住民基本台帳法案の議論にも大きな影響を与えた。一九九九年五月の事件発覚から二年、そして、住基ネット稼働が一年後に迫った二〇〇一年七月中旬、同市を訪れた。宇治市のそれまでの動きをまとめてみた。

電子メールも未配布

宇治市役所の七階にある市長室。久保田勇市長の机には二台のパソコンが置かれている。一台は、庁内ネットワークに接続されたパソコン。もう一台は、インターネットに接続してウェブサイトを閲覧したり、電子メールを出すために使うパソコンだ。宇治市の個人情報保護条例では、外部ネットワークとの接続を禁止しているため、物理的に切り分けた運用をしているのだ。

久保田市長は「事務処理の効率化とセキュリティーのどっちを取るかと言えば、躊躇せずにセキ

久保田勇・宇治市長＝2001年7月16日、宇治市役所の市長応接室で

ユリティーを選ぶ。不便になったとしてもそれは仕方がない」と言い切る。

一四七四人（二〇〇一年四月一日現在）の市職員には電子メールアドレスを誰にも配布していない。二〇〇二年度からようやく、配布に入る。しかも、市長室のパソコンのようにハード的にも切り分けて利用するという。地域情報の電子化や、インターネット対応が遅れている宇治市だが、裏を返せばそれだけセキュリティー対策に厳しいことを示している。

個人情報をはじめ行政情報の取り扱いをこれほど厳しく運用している背景には、住民データが外部に持ち出され、インターネットで売買されていた事件を起こしたことに対する強い反省がある。まず、どんな事件だったのかをみてみたい。

久保田市長は、あの日のことを今でもよく覚えている。

「いや、びっくりしました。市のデータを持って行かれたと直感した。セキュリティーに関しては自信を持っていたので愕然とした」

あの日とは、一九九九年五月二一日。午後四時過ぎに、市内で開かれたイベントから帰庁すると、深刻な顔をした京都新聞記者が待ちかまえていた。「少し、時間がありますか？　見せたいものがあります」。

市長応接室で見せられたのは、数枚のペーパー。見覚えのある友人の名前や住所など二五一人分の個人情報が記載されていた。ペーパーには、市役所が独自に住民に割り振っている外部には告知していないはずの個人番号（八ケタ）や、世帯番号（七ケタ）が一緒に記載されていた。市が保有する個人情報であることは間違いなかった。

「何で持ってるの？」との市長の質問に、「インターネットで販売されている」と記者は答えた。記者は実際に購入し、市長に事実関係の確認を求めに来たわけだ。

販売をしているウェブサイトにアクセスしてみると、確かに「宇治市住民票」として、約二二万人分が売りに出されていた。

久保田市長はただちに所管する企画管理部情報管理課の木村修二課長を呼び、確認に当たらせた。個人情報が流出したのは同市では初めて。余りの問題の大きさに、木村課長は「一体何が起きたのか。一瞬、判断停止状態になった」と振り返る。同日、市は「調査対策委員会」を設置。翌二一日付朝刊『京都新聞』では、住民情報が流出していたことがでかでかと報道された。同日早朝から市長自身が記者会見を開き、事実を認めるとともに市民に対して謝罪した。

事件のあらまし

宇治市は、一九九八年に、乳幼児検診システムの開発を計画し、外部の民間企業に開発を委託した。市役所内での作業は、午後五時過ぎまでと、時間的な制約が大きい。このため開発を担当する元大学院生の男性アルバイトは、市の許可を得て、乳幼児検診システムに利用する住民基本台帳と外国人登録名簿の元データ計二一万七六一七件分を持ち帰って作業を行なうことになった。九八年四月一三日のことだ。

ところがこの男性は、テレビなどで名簿の売買がカネになることを知り、インターネットで見つけた大阪府の名簿屋に電子メールで購入を打診した。商談はすぐに成立し、MO（光磁気ディスク）に二一万人分をコピーして郵送した。九八年五月一三日には口座に代金二五万八〇〇〇円が振り込まれた。代金は生活費に消えたという。名簿業者はインターネットに販売広告を出していたが、翌年五月二一日にこの記者に指摘を受けるまで、市は全く流出に気付かなかった。

不起訴処分と民事訴訟での敗訴

市は指摘を受けた翌日の五月二二日には流出元までほぼ突き止めていた。売られていた住民データが、生データのままで加工が施されていなかったからだ。木村課長は「幼稚な犯行であることで救われた」という。名簿業者は、他にも販売していたことが分かり、市は名簿業者を通じて住民データを回収した。六月三日には「完全回収宣言」を市議会総務委員会に報告している。

一方、市は六月一〇日に被告人不詳のまま宇治署に告発した。宇治署はアルバイト男性を「宇治市電子計算機組織に係る個人情報の保護に関する条例」違反で京都地検に書類送検した。ところが、京都地検は九九年一二月に不起訴処分とした。

宇治市は、九九年四月一日から、自己情報コントロール権など新たなプライバシー権を盛り込んだ市個人情報保護条例（新条例）を施行した。新旧条例とも違反行為に対しては三万円以下の罰金を定めていた。ところが、新条例には、罰則についての旧条例の経過措置に関する明文規定がなく、地検は旧条例下で行なわれたアルバイト男性の行為を、「刑が廃止され、罪に当たらない」と判断したのだ。

二〇〇〇年六月、市は不起訴を不服として京都検察審査会に審査を申し立てた。しかし、同審査

大量の住民データが外部に持ち出された宇治市役所

会も同年一〇月、再び「不起訴相当」との判断を示した。刑事的には一応の決着はみたものの、情報を持ち出した男性が何の罪にも問われないことへのわだかまりは小さくない。今回、住民データが持ち出されながら刑法では処罰できなかった。理由は、刑法は形のある「物」を処罰の対象にしているため、形のない情報は処罰の対象外となるからだ。同年一〇月、市は個人情報保護法案の提出に着手した国に対して「磁気情報を含む個人情報の漏洩者には罰則を」との要望書を送った。

一方、宇治市議と市民二人の計三人は「精神的苦痛を受けた」として市を相手に一人当たり三三万円の損害賠償を求める訴えを京都地裁に起こした。同地裁（八木良一裁判長）は二〇〇一年二月、原告の訴えを認め一人当たり一万五〇〇〇円（うち五〇〇〇円は弁護士費用）の支払いを命じる判決を言い渡している。「判決は民法の解釈を誤っている」（久保田市長）として宇治市は二〇〇一年三月、大阪高裁に控訴した。一方、宇治市と開発を委託した企業（下請けと元請けの計四社）、男性の三者間では、弁護士費用や職員の手当など四〇〇万円の賠償金を市に支払うことで和解が成立した。

個人情報保護条例を再改正へ

宇治市は、流出事件を受け、生データを外部に出させないことを基本にした体制の整備に乗り出した。一九九九年度の補正予算で二〇〇〇万円を計上し、セキュリティーソフトを導入したほか、二〇〇〇年度にはデータ入力を行なう委託先の部外者が作業を行なうための「パンチ室」も新たに設けた。担当する情報管理課職員も四人から六人に増員した。また、各課に対して個人情報ファイルを放置していないかどうかの抜き打ち検査も実施するなど「内部犯行」を抑止するための労務管理強化に乗り出した。

流出対策の目玉の一つが九九年四月にスタートした個人情報保護条例の再改正で、二〇〇一年四月に個人情報保護審議会に諮問された。市は男性が不起訴処分となった背景には、名簿が持ち込まれ、犯罪の発生地が同市内ではなく大阪府だったことがあるとみている。市外での違反行為に対しても条例が適用できるよう明文化するほか、データ処理の受託者など違反行為の対象者の拡大を図る。また、万一、流出した場合、速やかな回収を図るために、罰則で担保された行政命令による回収権を盛り込みたい考えだ。しかし、この改正案には憲法上の疑義も少なくない。

市によると、九九年六月三日の市の完全回収宣言で最も難航したのは、『京都新聞』が取材で取得した個人情報の回収だった。最終的には、『京都新聞』から任意での提供を受けられたが、報道・取材の自由との調整は、きわめて大きな問題だ。

改正保護条例案は表現・報道分野との調整が課題

市個人情報保護条例の改正を検討してきた宇治市は二〇〇一年一二月、改正案の骨子を市議会に示した。

改正案は、市が保有する個人情報を不正な手段や、市職員から聞いて入手した行為に対して、二年以下の懲役または一〇〇万円以下の罰金を科す内容だ。

骨子によると、改正案は刑罰の対象となる行為を、①不正な入手、②漏示、③市長の立入検査等の拒否、④市長の提出等の命令違反——の四つに分類。地方自治体が条例で制定できる最高の刑罰を科すことにした。

市長は、住民データが収録されたMO（光磁気ディスク）が外部に持ち出され、インターネットなどで販売されたり、転売された場合でも罰則を背景に第三者からも提出・回収を命令することができる。改正案では刑罰を市外にも適用する。

しかし、骨子段階では表現・報道分野も適用の対象にするなど報道の自由を大きく制約する内容となっている。

薬害エイズ問題では旧厚生省が隠し続けた個人情報を含む行政情報が報道され、明るみに出ることで、〝国による犯罪〟が問われた。しかし、宇治市の今回の骨子では、報道分野は除外されず、こうした事件が同市で起きた場合など、市が「個人情報保護条例違反」を盾に、報道機関に対して提出を命令し、報道介入に悪用される可能性は否定できない。

「住民情報流出事件」は『京都新聞』の報道で発覚した。宇治市は、同紙が報道目的で住民情報を入手し、久保田勇市長に確認を求められて初めて流出の事実を知った。この事件では、『京都新聞』は市の回収要請に対して当初は提供を拒否する姿勢を示していたが、最終的には同紙は任意提供。これを受け、市は「完全回収宣言」を出した経緯がある。

提出を拒否し続ければ今後は、場合によっては入手したこの記者は逮捕されかねないのだ。骨子のままで成立するとすれば条例は、表現・報道の自由を不当に侵害し、違憲の疑いさえ出てくる。

改正案骨子に対する懸念に対して、市は「報道分野などへの配慮は重要だと考えている。今後、考えていきたい」と説明するのだが。

同市は遅くとも二〇〇二年一二月定例市議会での成立を図り、二〇〇三年四月の施行を目指すという。報道分野は全面的に条例の対象外とすべきだ。

宇治市が設置している住民基本台帳ネットワークシステム用のコミュニケーションサーバー

訴訟は宇治市の敗訴が確定

宇治市を相手取って市議らが起こした損害賠償訴訟の控訴審判決が二〇〇一年一二月二五日、大阪高裁であった。岩井俊裁判長は一人につき一万五〇〇〇円の慰謝料支払いを命じた一審の京都地裁判決を支持し、市の控訴を棄却した。

市はこれに対して、再び判決を不服として翌二〇〇二年一月八日に最高裁に上告した。

しかし、その最高裁も二〇〇二年七月一一日に、宇治市の上告を棄却する決定を出した。市に計四万五〇〇〇円の支払いを命じた大阪高裁判決は確定した。

判決の意味は、地方自治体から個人デー

タが流出した場合の損賠責任を行政が負うことを明確にしたことだ。今後、電子自治体の構築に伴い日本中の自治体でデジタル化された個人データが大量に蓄積されていく。その一方で、MO一枚で大量に情報は外部に持ち出されるなどのリスクを負うことを行政も覚悟すべきことを示した。

宇治市のケースで言えば、一九万人の市民全員が一斉に訴訟を起こした場合の市の支払額は、ざっと二二八億五〇〇〇万円にも上る。

市に損害を与えた市長の責任も問われることになるかもしれない。

電子自治体では、行政事務の効率化と住民サービスの向上が期待されているが、その行き着く先が、巨額の支払額と市民のプライバシー侵害だったとしたら本末転倒だ。

「技術面に詳しい首長ほど危機感」

宇治市は、「法律で決められたことだ」として総務省が進める住民基本台帳ネットワークシステム（住基ネット）へは参加する方針だ。久保田市長は「少なくとも宇治市から個人情報は流出させない」と断言する。

しかし、三三〇〇の全国の自治体と一〇省庁がネットワークでつながる中、他の自治体や中央官庁から宇治市の住民情報が流出する可能性は否定できない。

久保田市長は不安を隠さない。

「技術面をよく知っている方（首長）ほど住基ネットに対して危機感を持っている。セキュリティー面では、トップの号令は重要だ。トップが（技術を）知っているところ（自治体）はガードを固めている。しかし、三三〇〇のすべての自治体が同じセキュリティー基準を保ち続けるということはできるのだろうか」

Chapter 3

韓国では断念

日本の住民基本台帳ネットワークシステム（住基ネット）と同様のシステムの導入を試みたものの、市民の反対などで断念した国がある。

お隣の韓国がそうだ。

韓国では、全国民に住民登録番号を割り当てる「住民登録制度」がスタートして約四〇年。国民に発給している「住民登録証」をＩＣカード化した「電子住民カード」に切り替え、行政サービスに活用しようと計画した。

ところが、政府による個人情報の集中管理に対して、「プライバシー侵害」の懸念が広がった。いったん関連法案は成立したが、金大中大統領誕生後の一九九九年に政府は導入を断念し、計画は白紙に戻された。

二〇〇一年三月と同年七月。関西大学で日韓のプライバシー保護法制を研究する学者グループらが、こうした経緯を探るため学術調査団を編成し、同国を訪れた。

関西大学が実施した調査（三月一二日～一五日）では、池田敏雄教授（行政法）を団長に、行政法、法哲学、民法、刑法、外交史の専門家六人が参加。ソウル特別市東大門区での住民登録実務や、電子住民カード反対運動のリーダーだった金基中《キムキジュン》弁護士、漢陽大学（ソウル市）の研究者との共同研究会を持った。

二回目の七月には、京都大、国会議員や東京都杉並区長も参加した「韓国におけるプライバシー保護制度合同調査団」＝団長、水谷雅彦・京都大学文学部助教授（倫理学）＝を結成し、七月三〇日～八月二日にかけて訪韓した。

行政自治部住民課、電子住民カード導入に反対した与党・新千年民主党の秋美愛議員、ソウル特別市瑞草区――などからのヒアリングを実施している。

ＩＴ大国をひたすら目指しながら日本とは正反対の選択をした韓国。調査団に同行して実情をみてきた。

一四一項目の個人情報を管理

まず、初めに韓国の住民登録制度を概観しておきたい。もともと、韓国の住民登録制度は、朝鮮半島における南北対立を背景に、自国民の識別など治安上の必要性から一九六二年にスタートした。一九六八年にはすべての国民に対して重複しない十二ケタの番号（七五年から十三ケタ）を付番する「住民登録番号制度」を創設した。いわゆる国民総背番号制のスタートだ。

一九七〇年には一八歳以上を対象にした住民登録証の発行制度を確立し、七五年には一七歳に対象年齢を引き下げて発給対象を拡大した。

一九八〇年には登録証の常時携行を義務化した（その後、一九九七年に法改正し、翌九八年からは努力義務になった）。八三年には、住民登録証の一斉更新を実施する。

日本の住民基本台帳に相当する「住民登録簿」の記載事項は、住所、氏名、生年月日だけでなく指紋、兵役事項や血液型など、より厳格な保護が要請される「センシティブ情報」を含め一四一項目にも上っている。

韓国政府は「住民登録制度は、行政機関がその所轄区域内に住所や居所を置いた住民を登録することで、住民の居住関係などの移動実態を常時明確に把握し、住民生活の便益を増進させて、行政事務の適正な処理を図ることを目的とする制度」（行政自治部住民課）と説明している。

また、韓国にも日本と同様に、国民の血縁的身分関係を本籍地で記録する戸籍制度もある。

その後、一九八八年から約六年をかけて住民登録情報を電算化。住民登録票一億五〇〇〇万件（世帯別一九〇〇万件、個人別五一〇〇万件、その他三五〇〇万件）を入力。一九九四年には行政機関をオンラインで結び、全国どこでも住民登録票の謄・抄本が発給できるサービスを開始した。

住民登録番号は、こうした地方自治体をはじめ警察や税務、社会保険など公的部門での利用にとどまらない。

韓国の住民登録番号は、日本の住民票コード（番号）と異なり、民間分野での利用は禁止されていない。銀行口座の開設や、レンタルビデオの会員登録、商取引の契約時など民間部門でも広く普及している。また、登録証は、六五歳以上のお年寄りが利用できる無料での地下鉄やバス乗車の際や、映画館で年齢を確認するための身分証などとしても利用されている。

ソウル特別区の瑞草区、「出先事務所の公務員を四割削減」

二〇〇一年三月一二日。

ソウル特別市の中心街からやや東に外れた東大門区（人口約四〇万人）の事務所を関西大学学術調査団が訪れた。

同区が設置する事務所は、転居手続きや住民登録票の写しの交付など住民登録番号を最も利用している行政機関の一つだ。

担当の係官は、市内に居住する大学生の盧泰佑さん（二四歳）から住民登録証を受け取ると、記載されている十三ケタの住民登録番号を手がかりにコンピューターを操作した。

韓国では住民情報はオンライン化されている。瞬時にして、遠く南部の釜山市近くに暮らす家族の氏名や生年月日を探り当て、見学に訪れた調査団に得意げに見せていた。

「個人情報が漏洩し悪用される恐れがある。プライバシーを侵害することにはならないか」との調査団の質問に対して、柳徳烈区庁長は「情報の不正な利用については法律で三年以下の懲役などが定められている。それ以上に利便性が大きく上回っていると思う」と述べた。

ソウル市郊外の住宅地にある瑞草区（人口約四〇万人）ではどうか。二〇〇一年八月一日にヒアリングを実施した。

趙南浩区庁長は「区住民の九八％がパソコンを所有している。住民は、（電子自治体化で）区役所に来なくて済むようになっている。事務所職員の四二％を削減することができた」と電子自治体のメリットを強調していた。

趙区庁長は「政府が（電子政府・自治体化を）進めているので区長の立場としても推進していきたいと思っている」と電子自治体の導入に意欲を示した。

旅行会社に勤める金松雅さん（二六歳）＝ソウル市郊外の富川市在住＝は「プライバシー侵害の問題もあるかもしれないが、同じ番号で管理されていると便利だ」と述べるなど、背番号制に対する国民の抵抗感は決して大きくないようだ。

逆に言えば、この国ではもはや番号なしには日常生活を送れない現実を示している。

調査団事務局長の関西大学法学部の園田寿教授（刑法）は「住基ネットのようなシステムは、一度導入されると利便性が優先され、ブレーキが利きづらい。韓国では指紋を採られたことを忘れてしまう人もいるほどで、時間がたつほど受容されやすい傾向がある」と指摘した。その上で「日本の官僚も同じだが、保護策というと、すぐに罰則があることを強調するが、罰則規定は管理を厳しくするというだけのいわば服務規定の強化と同じで、プライバシーを保護したことにはならない」

住民登録票謄本などの発給を受ける住民＝2001年3月12日、ソウル市東大門区の事務所で

と述べ、公的分野での本人によるコントロール権の重要性を強調している。

国民も「ICカード化には反対」

一九八三年の住民登録証の再発給から一〇年以上が経過した。韓国政府は、住民登録証が変・偽造され、他人になりすますなどの犯罪が相次いだことから、その防止をはじめ、情報化社会への対応、情報産業の育成などを図るため一九九五年四月に国家情報化事業の一環として、一九九八年四月から住民登録証を、ICチップを搭載した電子住民カードに切り替える構想を発表した。

「住民登録制度は、当初は安全保障の問題としてスタートしたが今では行政サービス（を提供する手段として）の意味合いの方が大きい」（趙区庁長）のだ。政府の当初構想では、電子住民カードは、住民登録証、運転免許証、医療保険証、国民年金証――などの共通証としての機能を持たせ、指紋を含めた七分野四二件の個人情報を収録しようとした。

電子住民カードは、日本政府のＩＴ担当室が二〇〇一年三月に着手した「連携ＩＣカード」構想によく似ている。

しかし、電子住民カードの導入によって政府が個人情報をより収集しやすい仕組みが出来上がることで、国民監視体制が一層強まることや、情報漏洩の懸念から反対運動が起きる。

翌九六年一〇月には反対する市民でつくる「統合電子住民カード施行反対と国民のプライバシー権保護のための市民社会団体共同対策委員会」が発足するなど広範な市民運動に発展した。

執行委員長だった金基中弁護士によると、韓国でも日本と同様に警察をはじめ行政機関が保有する個人情報が漏洩する事件が相次いでいる。特に、一九九七年には朝鮮民主主義人民共和国（北朝鮮）の亡命者が住民登録番号から住所が割り出されて、殺害された事件が起きた。韓国での生活には住民登録番号が欠かせない。この亡命者も交付を受けるが、僑導所職員が犯人に番号をもらし、警察関係者が警察電算網から住民登録番号で名寄せして住所が割り出され犯人に渡ったという。

日本でも警察官が交通違反などの犯罪歴を警察が保有する犯歴データベースから入手して、不正に外部に提供していた事件が相次いでいる。亡命者の殺害事件は、政府に国民の個人情報が集中することの怖さを具体的に示すものとして、電子住民カードの導入に反対する世論を大きく押し上げ

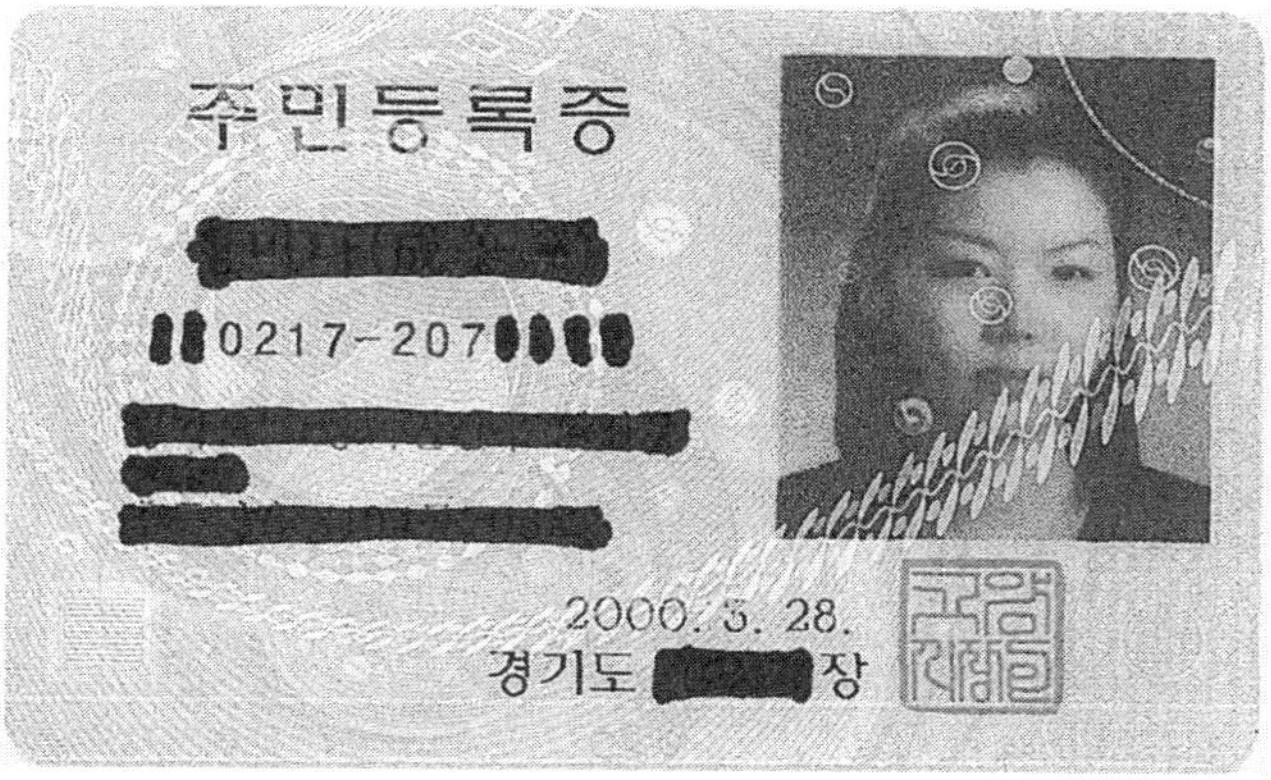

韓国の住民登録証

た。また、マスコミも反対する論陣を張ったことから、政府は、電子住民カードに収録する個人情報を一部に限定した内容に法案を修正し、野党の反対を押し切って関連法案を一九九七年一一月に成立させた。

しかし、電子住民カード導入に反対を表明していた大統領候補の金大中氏が同年一二月に当選した。またこの時期には、アジア経済危機が韓国経済を直撃。韓国が国際通貨基金（ＩＭＦ）管理下に置かれた。政府が試算した電子住民カードの導入にかかる総事業費は約二七三五億ウォン（一ウォンは約〇・一円）。この投資額に対する三〇〇〇億ウォンの経済効果にも疑問符がついた。

こうした要因が重なり、行政自治部は一九九九年二月二一日にようやく「電子住民カード事業」の放棄を宣言する。

政府はこれに伴い、住民登録法を改正し、同年七月から発給した住民登録証は、登録証の劣化や変造防止のために素材をプラスチック製カードに切り替えた。

「民主主義の国・日本でなぜＩＣカード化進む」

ここで、話を二〇〇一年三月の関西大による訪韓調査に戻したい。東大門区からのヒアリングには同区選出の国会議員・金希宣氏の補佐官を務める徐良鎬氏が代理で出席した。

徐氏は、私見とした上で「住民登録番号制度は民主化が不十分だった一九六八年にスタートした。韓国でも、（ＩＣカード化については）断念した。にもかかわらず、なぜ民主主義の国であるはずの日本で（国民総背番号制とＩＣカードによる個人情報管理のシステムを）導入しようとしているのか」と逆に調査団に疑問を投げかけてきた。

金基中弁護士は指摘する。金弁護士は、反対運動のリーダーとして活躍した。

「政府の権力は国民の個人情報を多く持つほど強大になり、その分だけ民主主義は脅かされる。情報社会より『情報支配社会』という表現が適切だ。韓国政府はＩＣカード化をあきらめているわけではない」

電子行政の進展は同時に、行政機関が国民の巨大な個人情報データベースを保有し、容易に個人情報の収集が可能な電子監視社会の完成をも意味する。漢陽大学で行なわれた関西大との共同研究会では、住民登録制度に詳しい金鐘鉄教授（行政法）からの報告を受けた。

そこでは、個人情報に関して情報を開示・訂正させたり、利用の停止を求めたりすることを内容とする「自己情報コントロール権」に対する金教授の独自の見解が注目を集めた。

金教授は「自己情報コントロール権は、(政府が個人情報を支配する社会では) 一種の政治的権利として位置づけられるべきだ」と主張した。

「政府による悪用は止められない」

ここで、金弁護士の話を紹介したい。金弁護士は、ソウル大学法学部卒業後、一九九四年に弁護士登録した。一九九八年に電子住民カード反対共同対策委員会(一九九六年結成)で執行委員長を務めた。現在は「民主社会のための弁護士会」(民弁)の出版広報委員長、韓国情報法学会会員など情報法問題を中心に活動している。

金弁護士は物静かな語り口で、活動家というイメージからはむしろほど遠い。二〇〇一年に二度取材に行ったが、当時は一線での活動はしていないということで最初は取材を受けること自体に難色を示していた。何度も、ファクスを通して交渉したり、ソウルに住む知人に助言をしてもらうなどやっとのことで取材に応じてもらった。

とても控えめでもあった。

――反対運動ではどんなスローガンを掲げたのか。

金氏　反対運動は何も分からない状態の中で五人で始めた。町の中に出て、通り過ぎる人をつかまえて説得するというところからのスタートだった。たとえ、正しいことでも説得することは難しい。

主張は主に二つある。一つは、プライバシーの侵害や個人情報の漏洩の危険性だ。もう一つは、政府が国民の個人情報を持つ量が多くなるほど権力は強大になり、民主主義は脅かされるという点だ。市民対象には、プライバシー侵害を訴え、知識人に対しては、民主主義の危機を訴えた。

日本も韓国も政府が国民を統一して管理しようという傾向がある。韓国では日本よりもそれが強い。膨大な個人情報が、一元的に管理されることで個人情報は、流出の危険にさらされる。プライバシー侵害のリスクが高まることなどの問題点を知れば知るほど市民は、ＩＣカード化は、民主主義的ではない、と受け止めたわけだ。

韓国は一九九七年に国際通貨基金（ＩＭＦ）管理下に入った。ＩＣカードの導入には約二七〇億円もかかるとされ、そんなにたくさんのおカネがかかるのになぜ必要なのか、という面からの批判も起きた。その後、ＩＣカード化に反対の意向を示していた金大中氏が大統領に当選するなどさまざまな事情が重なり、政府は導入を断念した。

――日本政府は、罰則があるから情報漏洩や悪用は防げると言っている。韓国政府も同様に反論したと思うが。

金氏　住民登録番号の漏洩事件が一九九七年に起きた。朝鮮民主主義人民共和国（北朝鮮）からの亡命者の住民登録番号を不正に入手した犯人が、これを手がかりに亡命者の住所を割り出し、亡命者は住んでいるアパートの前で殺害されてしまったのだ。情報の提供には警察関係者もかかわったとみられている。この事件が起きたのが反対運動の真っ最中だった。この事件は反対する世論を一気に高めた。罰則は歯止めとはならない。

「日本の住基ネットの成否が韓国にも影響」と指摘する金基中弁護士＝2001年8月1日、ソウル市の「民主社会のための弁護士会」事務所で

住民登録情報は、自分でコントロールできない。情報が権力の主要な根元としての役割を果たすことを考えると、情報社会というよりも「情報支配社会」という表現が適切だ。日本でも国民一人ひとりに番号が付けられ、ICカード化されたら政府による悪用は止められないと思う。

――行政自治部は「電子住民カードの導入を中止した大きな理由は経済危機が原因だ。反対運動が理由ではない」と言っているが

金氏　はっきり言ってそれはウソだ。経済危機が要因の一部ではあったとしても、反対運動がなければ中止はしなかったと思う。電子住民カードが作り出す経済効果もある。それを考えたら経済危機だけでは説明がつかない。

――反対運動を進める上での課題は何だったか。

金氏　韓国での問題点は、制度的な点が挙げられるだろう。住民登録番号は、単純な番号ではなく、「社会資本」として受け入れられていることがある。その用途は自動車登録、土地取引など多岐にわたっている。さらに住民登録番号は、飲酒や風俗営業まで、未成年でないことを確認をするために広く利用されている。政府は、番号が偽造でないかどうかを確認するサービスも提供しており、韓国では住民登録番号がなければ、生活できないのが実情だ。日本では、まだそこまでいっていないので、今なら間に合うはずだ。

――今後の取り組みは？

金氏　ＩＣカード化反対運動の当時は、住民登録制度自体は、問題提起できなかった。国民はこの制度に問題点を感じているが、日常生活で広く利用されているため、否定的な半面、長所もあると考えている。さらに、北朝鮮との対立関係の中で安全保障の面でも住民登録番号は、深い関係がある。しかし、私はプライバシー侵害の方が大きいことを重視したい。今回、住民登録証のＩＣカ

ード化を断念したことをきっかけに新たな市民団体「プライバシー保護ネットワーク」が結成された。究極的な目標は、住民登録制度を廃止することだ。

数年後に電子住民カード構想は再浮上?

しかし、行政自治部は電子住民カードの導入をあきらめたわけではないようだ。関大、京大の合同調査でのヒアリングでこう答えている。

二〇〇一年八月一日午後二時ごろ。

「電子住民カードの導入を韓国政府が断念したのは、一九九八年度に国全体が不景気になり、資金不足になったためだ。反対運動が理由ではない。電子住民カードだけでも二七〇〇億ウォンの投資に対して、三〇〇〇億ウォンの経済効果がある。少数の人が反対しただけで、国民全体は反対していない。むしろ、(中止せずに)導入しておけばよかったと考えている人の方が多い。情報化社会に向かっている中、行政の効率化を図るためには、住民登録証はICカード化せざるを得ない。何年か後には導入計画を示したい。韓国政府は、情報化していくということを選択したわけだ。いろいろ考えながら進んでいかなければならない」

行政自治部の金奎植住民課長は、調査団メンバーを前にいっきにまくしたてた。韓国の保険福祉部は、医療情報をICカードで管理する「電子健康カード」の導入を計画している。二〇〇一年春に急浮上した。電子住民カードは、医療保険証も兼ねていたが今度は、電子健康カードが住民登録証を兼ねることになるかもしれない。

金課長は「電子住民カード導入反対の世論と、公聴会から学んだ」として、再導入を提案する際には、①情報を一カ所に集中させない、②ネットワークのセキュリティー措置の強化、③内部関係者による情報漏洩防止――などの措置を講じる、という。

住民課は「一九九九年、二〇〇〇年には既に新しい住民登録証を国民の七〇％に発給している。すぐに（再提案は）難しいと思う」とは言うのだが……。

電子住民カード導入に反対の論陣を張った与党・新千年民主党（民主党）の秋美愛議員は、「電子健康カード」を導入する動きが浮上していることに触れ、「病歴情報を入れるべきではない。限定した利用にとどめない限り、賛成できない」と慎重な姿勢を示した。

金弁護士は日本の住民基本台帳ネットワークシステム（住基ネット）を例に挙げ、こう予測する。「住基ネットが導入され安定的に使われていることが分かれば、韓国でも積極的に進めていこうということになる。日本の状況が影響するだろう」

「韓国におけるプライバシー保護制度合同調査団」に参加した住基ネットに反対している河村たかし衆院議員や、東京都杉並区の山田宏区長の二人は、現地での調査を終えた八月二日、ソウル市内で記者会見に臨んだ。

河村氏は、「情報化社会の米国で日本の住基ネットのようなシステムをなぜ導入しないのかをよ

行政自治部（右側）から韓国の住民登録制度についてヒアリングする「韓国におけるプライバシー保護制度合同調査団」メンバー＝2001年8月1日、ソウル市で

く考えていかなければならない。そもそも人間に番号などを付けてはいけない。しかし韓国政府も導入を諦めていないようだ。（容易に国民の個人情報を把握できる）アヘンのような国民統合管理システムを日本と韓国で作ろうとしていることは根本的な問題だ。世界のためにも一刻も早くストップさせなければならない」と主張。

一方、山田区長も「大変有意義な調査だった。韓国社会は住民番号が根付いている。住民番号というのは一度与えられると、いずれ民間利用にも広がっていくのは韓国を見ても明らかだ。公共図書館やビデオレンタルショップでも住民番号が利用されている。身分証明番号から個人の活動履歴が分かってしまう。日本もこういうことになってもいいのかをよく考えなければならない」と訴えた。

「便利さ」と引き換えに失うものは……

住民登録証をICカード化する計画が頓挫したことで、一九九九年から新たな住民登録証の発給が始まった。

ところが、これをきっかけに、韓国ではいま、学生など若年層を中心に住民登録証制度や、指紋押捺制度そのものを問い直す市民運動が広がりつつある。「指紋押捺反対連帯」や「住民登録制度改正連帯」といった市民グループも結成された。

韓国の住民運動に詳しい「プライバシー・アクション」の白石孝代表によると、新住民登録証への切り替えに当たり、一八歳以上の更新者も、改めて両手十指の指紋を再登録することになった。これに対して、指紋押捺は人権侵害に当たるとして、発給そのものを拒否する人々が出てきたというのだ。その人数は、全国で二〇〇〇人以上に上るとみられている。

市民グループは二〇〇二年六月、毎週火曜日に住民登録制度を所管する行政自治部が入る合同庁舎の職員入り口付近で、プラカードを持って抗議する「一人デモ」運動を始めた。二〇〇二年六月一三日に全国で地方自治体の首長選が行なわれた。投票するには新住民登録証の提示が必要だが、更新を拒否したため持っていない。中央選挙管理委員会は、市民グループの求めに応じて、役所が発給した住民登録謄本に写真を添付したものを身分証明書として認め、投票ができることを約束した。ところが、実際には発給を拒む洞事務所が相次ぎ、投票できなかったケースが続出した。

一人デモはこれに抗議するためだ。二〇〇二年七月二三日には、発給しなかった自治体を相手に違憲訴訟を起こした。

住民登録証の拒否運動を記録したドキュメンタリー「住民登録証を引き裂け」も二〇〇一年にはでき上がり、各地で上映会が開かれている。

日本の住基ネット反対運動と、韓国の住民登録証拒否運動が結びつき、このドキュメンタリーは、日本語版も完成し、二〇〇二年夏から日本国内でも上映活動が始まった。

二〇〇二年一一月九日には、日韓の市民グループによる「住基ネット（日本）・住民登録証（韓国）をなくそう日韓連帯シンポ・ｉｎソウル」と題した集会がソウル市内で開かれる。

ＩＴ分野で日本に先んじているとされる韓国。そして、世界一のＩＴ大国を目指す日本。ＩＴを駆使した監視社会化をどう阻むかは、日韓における市民運動の共通課題として浮上していると言える。

アジア太平洋戦争後、経済大国を目指した日本では開発が優先され多くの美しい自然が犠牲になった。ＩＴ大国となって「便利さ」と引き換えに失うものは今度は何か。

それはプライバシーだけではないはずだ。権力に監視されることなく自律した活動を行なえる市民社会そのものかもしれない。

Chapter 4

住基ネットの今後の焦点

個人情報が高度に利用されるＩＴ（情報技術）社会を見すえて制定されるはずだった個人情報保護法案は二〇〇一年三月に提出されながら、同年秋の臨時国会に続き、第一五四回通常国会（二〇〇二年一月二一日～七月三一日）でも継続審議となった。

表現・報道の自由への制約の懸念から強い批判にさらされ、審議は空転続き。法案の制定にはこぎつけなかった。政府・与党は法案を一部、修正したうえで、二〇〇二年秋の臨時国会で成立を図る構えだ。

しかし、臨時国会での永田町の関心は低迷を続ける景気対策や、日朝首脳会談をきっかけにした日朝国交正常化交渉問題などだ。個人情報保護法案への注目度は、与野党ともに著しく低下している。

このため開会前から臨時国会での成立を断念する声が早くも出始めており、二〇〇三年の通常国会へ先送りとなる公算が大きい。第一五四回国会での個人情報保護法案の論戦などを振り返ってみたい。

まず、個人情報保護法案とはどんな法案なのかを見ておきたい。

官民両分野を対象とし、個人情報を持つすべての者に対して、利用目的を告げるなどの「利用目的の制限」、本人からの求めに応じて開示する「透明性の確保」や「適正な取得」「正確性の確保」「安全性の確保」の五項目について努力することを求めている。基本原則と呼ばれる。

民間分野ではこれに加え、一定人数以上の個人情報に関するデータベースを持つ者を「個人情報取扱事業者」として、基本原則をさらに詳細に定めた義務を課した規定があり、これらが法案の二本柱となっている。

個人情報取扱事業者には、営利か非営利なのかの目的は問われない。そのため、市民団体や小さなネットワークも個人データを持っていれば「事業者」とみなされてしまう。義務規定に違反すると、主務大臣が助言したり、勧告・命令したりできるほか、悪質なケースでは六月以下の懲役か三〇万円以下の罰金が科せられることになる。主務大臣には、例えば電気通信事業者であれば総務相、NPO（非営利団体）であれば、活動分野の大臣が充てられることになる。自然保護団体であれば環境相だ。最大の焦点だった報道分野は、報道目的に限って義務規定の適用が除外され、基本原則の適用は受けることになる。学術、宗教、政治の各分野も報道分野と同様だ。

そもそも取材とは個人情報そのものを扱う仕事だと言ってよい。基本原則がその取材活動に適用されると、どういうことが起き得るのだろうか。

例えば、自民党の鈴木宗男衆院議員、加藤紘一前衆院議員の秘書や、税金で私腹を肥やした外務官僚でもいい。

これら疑惑報道の渦中の当事者から「取材で集めた個人情報をみせてほしい。法律で努力義務があるはずだ」と要求される法的な根拠を与えかねない。

また、取材を受ける側が個人情報取扱事業者に当たる場合、大臣による強い監督を受け、場合によっては、罰則が科せられる。このため取材先の委縮効果も懸念されている。

例えば、加藤氏の元秘書と契約していたマンション業者が取材に応じて元秘書との契約内容を示した場合などで、業者が違反に問われる可能性があるのだ。

さらに、そもそも報道目的かどうかをだれが判断するのか、という根本的な問題がある。

熊代昭彦・副内閣相（当時）は四月五日に日本新聞協会などの主催で開かれたシンポジウムで「（メディアの）主務大臣が総務相になるのかは分からないが、とりあえず、報道かどうかは主務大臣が判断する。しかし、最後は裁判所が判断する。ただ、少しでも報道が入っていれば最広義に解釈する」と述べ「主務大臣による判断」で運用されるという見解を示した。

藤井昭夫・内閣審議官（個人情報保護担当室長）も同様の見解を示している。法廷で争えば最終的には裁判所が判断することになるが、三権分立制を採用している以上は当然だ。危険なのは、表現規制の入り口で行政機関に判断させる余地を与えることだ。治安維持法による弾圧下、日本では戦前に報道機関が経験しているところだ。

修正・対案の公表が相次ぐ

第一五四回通常国会での審議入りを控えた個人情報保護法案に対しては、さまざまな団体・政党からの修正・対案の公表が相次いだ。どんな内容なのかをそれぞれみてみたい。

まず、フリージャーナリストや作家らでつくる「個人情報保護法案拒否！共同アピールの会」が二〇〇二年五月に発表した対案だが、この案は国や地方公共団体などの行政機関と、法律に基づいて事業を行なう民間事業者を限定対象とした基本原則を定めただけだ。政府案の五項目に差別情報の取り扱い制限、個人情報の保護措置が講じられていない国への移転禁止など二項目を追加。政府に対して、この基本法が示した原則に基づき、医療や信用情報など重要な分野ごとに事業法を整備したり、既存法令の改正で整備を図ることを求めている。

政党では社民党が二〇〇二年四月に「個人情報取り扱いの適正化に関する法律案（仮称）」の骨子を発表した。

主な内容は、主務大臣が民間活動に介入できるなどの過剰規制の懸念を払拭するため、内閣府の外局として第三者機関である「個人情報保護委員会」（仮称）を設置。報道、出版、学問、芸術、宗教、政治目的などは適用を除外するというものだ。

民主、自由、共産、社民の野党四党も成案の発表には至らなかったものの、二〇〇二年三月に設置した実務者会議を中心に共同案を協議した。

その骨子は、「第三者機関の設置」と「表現活動への配慮」を強く打ち出している点だ。

これらが、政府案の枠組みを根本的に変更する対案とすれば、政府案の枠組みを維持しながら手直ししたのが修正案だ。

修正案は三種類ある。

このうち二つは、政府が一九九九年七月に設置した個人情報保護検討部会（座長・堀部政男中央大教授）の委員が公表した。それと、国会審議にも波紋を広げた読売新聞社案だ。

検討部会委員だったのは、三宅弘氏（弁護士）▽原早苗氏（埼玉大学経済学部非常勤講師、元消費科学連合会事務局次長）▽加藤真代氏（主婦連合会参与）の三人。検討部会は同年一一月に、「我が国における個人情報保護システムの在り方について」（中間報告）を政府に提出して法制化を求めた。しかし、政府案は三人が考えた内容とは異なったようで、修正案を出すことで政府案の出来映えに異議を唱えた形だ。

まず、委員を務めた三人がかかわった修正案を見てみたい。

一つは、三宅氏が二〇〇二年二月に、衆参内閣委員会の全委員に提出した試案。もう一つは全国消費者団体連絡会（消団連）が一月に発表した「個人情報保護法案の修正要望書」だ。これには、原と加藤の両氏が作成に参加した。両案とも表現や報道の自由に配慮するとともに、勧告・公表など主務大臣の勝手な権限行使に一定の歯止めをかけることを重視した、という。

報道分野だが、政府案は「個人情報取扱事業者」の義務規定の除外対象を「放送機関、新聞社、通信社その他の報道機関」が「報道の用に供する目的」で取り扱う個人情報と規定している。これに対して、両修正案とも「出版社」や「報道に従事する者」との文言を追加し、「放送機関、新聞社、通信社、出版社その他の報道機関又は報道に従事する者」と規定することで、適用除外の対象範囲の拡大を図った。

三宅案は「報道（これに付随する意見表明又は芸術的若しくは文学的表現を含む。）」とし、消団連案は従業員管理や顧客管理を除くすべての目的を「報道目的」とさらに広く規定した。その上で、政府案では義務規定のみとなっている適用除外を、努力規定の「基本原則」の一部にまで拡大した。具体的には、三宅案は、「利用目的による制限」と、「適正な取得」を追加。消団連案は三宅案に「透明性の確保」をさらに加えた。

一方、読売新聞社も五月一二日付朝刊で修正案を公表した。同社は、つきまとい、待ち伏せなどの「過剰な取材」を法規制する「人権擁護法案」の修正案も併せて公表している。

読売案は基本原則のうち、「透明性の確保」を報道分野には適用しないことにした。また、個人情報取扱事業者が表現の自由を目的として取り扱う個人情報に関して、主務大臣は「配慮」することが求められているとして、政府案では「妨げることがないよう配慮しなければならない」とあるのを読売案は「妨げてはならない」と表現を手直しした。

同紙一二日付記事では「行政の介入も政府案以上に排除できる」と説明している。

ところが同紙が会長を務める日本新聞協会はこれまで報道分野について、例えば二〇〇〇年一〇月一六日付「個人情報保護基本法制に関する大綱」に対する意見書では、「基本法の適用対象から全面的に除外」と主張してきており、開きは大きい。

そうした点でも、基本原則のうち「透明性の確保」に限って適用を除外するとした説明は不十分だ。また、あくまで報道活動との調整を念頭に置き、法案の骨格を維持したため、市民活動への制約の懸念は依然として残されたままだ。特に、主務大臣制を認め、第三者機関による監視・監督を提言しなかったことは国際的にも既に遅れたシステムを容認した形になった。

日本新聞協会は二〇〇二年四月二四日、個人情報保護法案が翌二五日に衆院本会議で趣旨説明されることを前に、緊急声明を発表した。緊急声明は『朝日新聞』阪神支局（兵庫県西宮市）で起きた「赤報隊」を名乗る何者かによる襲撃事件（一九八七年五月三日）の時に出して以来、一五年ぶりになる。

そこでは個人情報保護法案と人権擁護法案について「われわれの主張をほとんど無視し、憲法で保障された『表現の自由』に政府が介入する道を開くものとなっている。報道の自由を不当に制約したり、報道機関を監督する主務大臣を置いたり、取材・報道活動を独立行政委員会の裁量にゆだねるなど、報道機関の死活にかかわり、断固反対する」と、激しく批判した。

この緊急声明では、新聞協会会長も務める渡辺恒雄・読売新聞社社長（二〇〇二年七月から読売新聞グループ本社社長主筆）自身が理事会の席上で、自ら「加盟各社はこれまでも紙面で法案の問題点を指摘している。今後も紙面で言論・報道の自由を訴えていただきたい」とわざわざ要請していた。

この論調から出てきたにしては修正試案は余りにもおとなしい。

同社の内部で何があったのかは、分からない。この突然の変質を『週刊新潮』（二〇〇二年五月一六日号）は「内閣官房の官僚が、読売の渡辺社長と朝日新聞社長に法案説明に行き、読売が変質した」と報道し、メディア界に波紋を投げかけた。

『週刊金曜日』（二〇〇二年五月二四日号）も「『読売』は、もともと部分修正だった。一部の作家らは廃案だと言っているがそういう考え方はとらない」と、読売関係者が新聞協会の会合で、試案を踏まえた同社の立場を説明した発言内容を伝えている。

いずれにしても、『読売』が提案した「修正試案」は、報道活動に対する制約の懸念が依然、払拭されておらず、小手先の修正に終始し、到底容認できる内容ではない。

波紋広げた防衛庁リスト問題

個人情報保護法案は、民間分野については詳細に規定しているものの、行政分野に対しては、

「政府は国の行政機関について、法制上の措置その他必要な措置を講ずるものとする」（一一条）と定めるのみで、「官に甘く、民に厳しい」という批判が出ていた。

個人情報保護法案が二〇〇一年の通常国会、臨時国会で審議入りできなかった背景には、与党内でも公明党が行政分野の未整備を理由に難色を示していたこともある。

政府は二〇〇一年一〇月、総務省政務官の諮問機関「行政機関等個人情報保護法制研究会」（座長、茂串俊・元内閣法制局長官）の報告「行政機関等の保有する個人情報の保護に関する法制の充実強化について」を受けて、立法作業に着手し、二〇〇二年三月一五日に、行政機関を対象にした現行の個人情報保護法（八八年一二月制定）を全面改正する法案を、また特殊法人や独立行政法人などを対象にした行政機関等個人情報保護法（法案数は四本）を衆院に提出した。

政府・与党は、公明党の主張していた条件が整ったことで、個人情報保護法案と行政機関関連の計五法案を衆院内閣委員会に一括審査議案として付託することを決めた。四月二五日に衆院本会議で趣旨説明・質疑が行なわれた。

内閣委員会での個人情報保護法案の審議は、当初から野党がリードした。

本格審議初日となる五月一七日の内閣委員会。読売試案が公表された翌一三日に、小泉純一郎首相が出したという試案を下敷きにした政府・与党への「修正指示」をめぐって冒頭から紛糾した。

野党側は「欠陥法案を審議しろというのか」と強く反発し、二度にわたって審議はストップするなど波乱のスタートとなった。

さらに、同月二八日付『毎日新聞』朝刊で、防衛庁が情報公開の請求者リストを密かに作成していたことが発覚。審議は、中断を繰り返し、野党側は三一日を最後に、防衛庁がリスト問題について調査した報告書を出すまでは審議を拒否することで一致。内閣委はわずか四日間の審議で正常化への見通しが立たない事態に陥ってしまった。

四日間（五月一七日、二二日、二九日、三一日）で審議時間もわずか一〇時間に過ぎない。

与党の逢沢一郎・筆頭理事（自民）は参考人招致などによる正常化策を打診したが、打開を図れず、六月五日には野党の姿勢を翻すのは困難であることを福田康夫官房長官に報告した。

この時点で、法案の成立見送りは決定的となった、と言える。

一方、読売試案を受け、もともと修正に柔軟姿勢を示していた公明党の一部には「修正して成立」のシナリオづくりに乗り出す動きもあった。しかし、予想以上に強い野党の抵抗に加え、防衛庁リスト問題は、行政機関等個人情報保護法案の修正問題にまで波及した。

同法案は罰則がないほか、目的外利用への十分な歯止めがないなど小手先の修正では成立にこぎつけない情勢に一変し、国会を大幅延長したとしても審議時間の不足は明白になっていた。

「基本原則は違法判断の根拠」――政府答弁

個人情報保護法案の国会審議は、首相指示問題や防衛庁リスト問題など前提となる入り口論に終始し、法案の中身に立ち入った議論は、再開した六月二八日以降もほとんどされず、ジャーナリストの櫻井よしこ氏や藤原静雄・国学院大教授ら四人への参考人質疑をした七月二四日を最後に終わってしまった。

実質審議日数は七日間に過ぎないが、その中で法案が表現・報道の自由への制約要因となることを、政府自身が認めた答弁も出ている。

藤井昭夫・内閣審議官は五月一七日、努力規定の基本原則について「プライバシー事件が既に発生していて、取材方法が適正であったかどうか、学者の中には裁判所の解釈原理になるのではないか、という指摘がある。私ども（政府）もあり得るとは思っている。取材等が違法であったかどうかという場合の一つの判断根拠だ」と述べた。

日本新聞協会などメディア界は、個人情報の「適正な取得」「利用目的による制限」などの基本原則は、取材手法を含めた新たな規制の根拠になるとの懸念を表明してきたが、藤井審議官の答弁はこれを裏付けた形だ。

東京都西東京市議会は六月二五日、個人情報保護法案と人権擁護法案に反対する意見書を賛成多数で採択した。両法案について「人権や個人情報保護を名目にしながらメディアを規制し、言論・表現の自由に政府が介入する道を開くことに共通した危険性を持っている」と廃案を求めている。個人情報保護法案については、三重県議会（二〇〇二年五月一七日）を皮切りに、東京都小金井市議会（五月二〇日）が法案の撤回を求める意見書を採択するなど地方議会からも異論が出た。二〇〇二年九月二四日付『毎日新聞』朝刊によると、見直しや慎重審議を求めた地方議会での意見書採択は五月から七月までの間に奈良県議会など全国で合計六〇件にも上る、という。

このほか、熊本、神奈川県知事も慎重姿勢を表明。旧日経連の奥田碩会長（日本経団連会長）も反対する考えを述べるなど各界から異論が相次いだ。

住基ネット稼働で新たな局面

個人情報保護法案が成立しなかったことは、八月五日に予定していた住民基本台帳ネットワークシステム（住基ネット）の稼働問題にまで波紋を広げた。

国会での審議の流れ上、ここで改めて住基ネットとの関係にも触れておきたい。

個人情報保護法案は、住基ネット導入を決めた改正住民基本台帳法（一九九九年八月一二日成立）で附則に「政府は、個人情報の保護に万全を期するため、速やかに、所要の措置を講ずるものとする」との条文が自自公の議員修正で盛り込まれ、小渕恵三首相（当時）が衆院地方行政委員会で「実施に当たりまして、個人情報保護に関する法整備を速やかに整えることが前提である」という答弁をしたことが直接のきっかけとなって策定された。

改正住基法についてはプライバシー保護の立場から公明党は賛否の態度を決めかねていた。しかし、同党はこの首相答弁を引き出したことで賛成に回り、法案はやっと成立した経緯がある。

富田茂之・前衆議院議員（公明）は小渕答弁の内容を「個人情報保護法案ができない限り、住基ネットを動かすべきではない。このことを『前提』という言葉で置き換えた」と証言する。

ところが、政府の解釈は真っ向から異なる。

福田康夫官房長官は「成立に向けて努力する、という意味で述べた。もとの内閣の総理大臣の国会答弁がその後の内閣の行為を法的に拘束することはない」と五月二九日の衆院内閣委で答弁し、約束を反故にしてしまった。

さらに福田長官は「個人情報保護法案が成立すると否とにかかわらず、改正住民基本台帳法で八月に施行することを義務づけられている。政府としては、個人情報保護法案を国会に提出したことで『所要の措置』を講じたことになる」と述べ、住基ネット稼働方針を表明した。

質問した河村たかし衆院議員は「首相の国会答弁とは、政権交代もないのに、こうも簡単に変わってしまうのか。我々は国会でだれの答弁を信用したらいいのか」と憤る。

政府は国会での約束を果たせなかったのだ。「施行しなければ法律違反になる」（片山虎之助総務相）というのであれば、小渕答弁を守るために本来は自らの責任で住基ネットの稼働を延期させる法案を提出することが筋だろう。

ところで、小渕元首相の答弁に拘束されないというのであれば当然、小泉首相の答弁も後の内閣を拘束することはないことになる。

個人情報保護法案では義務規定の適用が除外される報道機関に、フリージャーナリストや出版社が含まれるかどうかも大きな焦点となっている。小泉首相は二〇〇二年四月二五日の衆院本会議で、報道機関にはフリージャーナリストも含まれるとの解釈を示していたが、小泉内閣では明文化されない限り、不安は解消されそうにない。

「表現の自由」配慮を明確化——与党修正案

個人情報保護法案の未成立が引き金となって、相次いだ住基ネットからの自治体離脱は、秋の臨時国会での成立の必要性を強く後押しし、与党三党は会期末に、臨時国会での修正案の提出と法案成立で合意した。

与党修正案は公明党の提案が下敷きになるとみられる。

ポイントは、基本原則についても報道活動を制約しないように配慮する条文の追加だ。この配慮規定は、学術、宗教、政治分野にも同様に適用するという。

さらに、小説家やフリーライターの活動に配慮し、著述・文筆業も義務規定の適用除外の対象となるよう条文に明記する工夫を行なう。

また、個人情報取扱事業者が報道機関に個人情報を提供した場合は罰則を受けないよう明確化を図る規定も盛り込むという。

ただし、基本原則の適用自体は変えず、メディア規制の網は外さない考えだ。

主務大臣による民間活動への過剰な規制を避けるための第三者機関の設置などにも踏み込まない。

一方、行政機関等個人情報保護法案にも、個人情報取扱事業者が規制を受ける同じ範囲に罰則をかける方向で調整を図る、という。

しかし、不正な手段による収集禁止規定やセンシティブ情報の収集制限規定は設けない。

政府案の骨格を残したままの与党の修正案と野党の主張との隔たりは、なお大きい。

高まる住基法再改正論議

横浜市が市民自身が住基ネットに参加するかどうかを決める選択制は、住民基本台帳法の再改正論議にも波紋を広げている。自民党の有志の国会議員でつくる「住基ネットを考える議員連盟」の関係議員は、横浜方式をみてこう言う。

「住基ネットに参加するかどうかを地方自治体が決められるように法改正を行なってはどうだろうか」。臨時国会に関連法案を議員立法で提出できるかどうかを検討していきたいという。

「国民共通番号制に反対する会」の代表でジャーナリストの櫻井よしこさんも「残念ながら住基ネットの廃止も稼働延期もできなかった。今後は、市区町村が『選択制』を導入できるように法律を改正する運動を始めたい」と意欲を示している。

住基ネット反対を訴えるジャーナリストの櫻井よしこさん＝右から3人目＝ら「国民共通番号制に反対する会」のメンバー。右端は経済評論家の佐高信氏＝2002年2月24日、東京・数寄屋橋で

法改正を求める声は、地方自治体自身からも上がっていることは、先に述べたが、現行の改正住基法では、国の関係機関が国民の個人データを目的外に利用するなどの悪用に対して、地方自治体が直接、是正や中止を命令することはできない。九月四日に東京・平河町の都道府県会館で開かれた知事と片山虎之助総務相との意見交換会では、命令できるよう法律で明記することを求める意見が出ている。

一方、二〇〇二年九月一九日には、八月五日の稼働中止を求める運動を六月から展開してきた「住基ネット八月五日実施を許さない実行委員会」が中心となって全国組織の「反住基ネット連絡会」を設立した。

同連絡会では、住基ネットを中止するための法改正を求める請願署名運動を展開することを決めた。十一ケタの住民票コードにちなみ一一月一一日を「反住基ネットの日」と定め、第一次集約を行なう予定だ。請願項目には個人情報保護法案、行政機関等個人情報保護法案の廃案や、自己情報コントロール権を明記した新たな個人情報保護法制の整備も盛り込んでいる。

また、杉並区民が作った「住基ネットに『希望選択制』を求める運動」は一〇月六日、希望する国民だけが住基ネットに参加する「希望選択制」を求めて、法改正を請願する署名活動を始めた。

二〇〇三年八月には住民基本台帳カードの交付が始まるなど住基ネットは、完全に稼働することになる（第二次稼働）。

是正命令権の創設、選択制、廃止――。今後は、個人情報保護法案の行方とともに、住民基本台帳法の改正論議が高まっていきそうだ。

二〇〇二年八月五日。住民基本台帳ネットワークシステムが動き始めた。

官僚は、言う。

「便利になるんだから、いいじゃないですか。多くの国民は喜んでいますよ」

取材で何度も聞いた言葉だ。

しかし、便利さだけが社会を豊かにするものではないことを二〇世紀に学んできたはずだ。

大規模な林道建設やダム開発は、山村集落での交通の便の向上や、洪水防止に若干は役立ったかもしれない。しかしそのメリットは、回復不可能な森林の生態系破壊と、自然と共生してきた生活文化の消滅のデメリットを上回るものではなかった。カネもかかりすぎることが分かった。だから、いま見直しが進んでいる。

住基ネットも同じだ。

便利なサービスを必要としている人には手を差し伸べるべきだが、不要な人にはただのお節介に過ぎない。余分な投資でもある。不参加者の存在が、効率性を引き下げるというのであれば、その際にはその分のコスト負担の覚悟も必要かもしれない。

しかし、人間の尊厳を損なうよりはずっといい。

住基ネットの完全稼働は二〇〇三年八月だ。まだ、引き返せる。日本の市民社会はいま、岐路に立っているのだ。

3

資料編

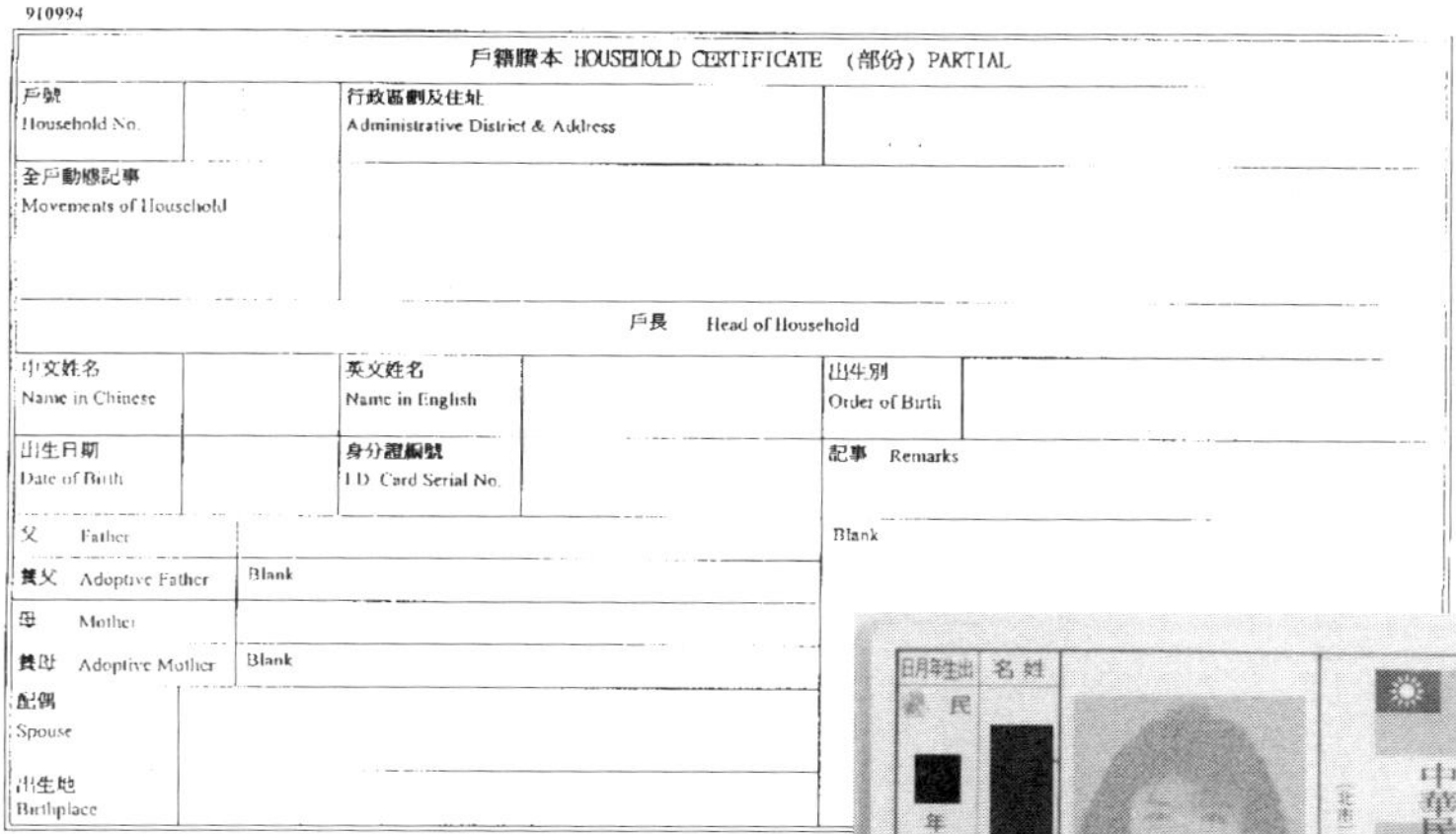

910994

戶籍謄本 HOUSEHOLD CERTIFICATE （部份）PARTIAL

戶號 Household No.		行政區劃及住址 Administrative District & Address	
全戶動態記事 Movements of Household			

戶長 Head of Household

中文姓名 Name in Chinese		英文姓名 Name in English		出生別 Order of Birth	
出生日期 Date of Birth		身分證編號 I.D. Card Serial No.		記事 Remarks	
父 Father				Blank	
養父 Adoptive Father	Blank				
母 Mother					
養母 Adoptive Mother	Blank				
配偶 Spouse					
出生地 Birthplace					

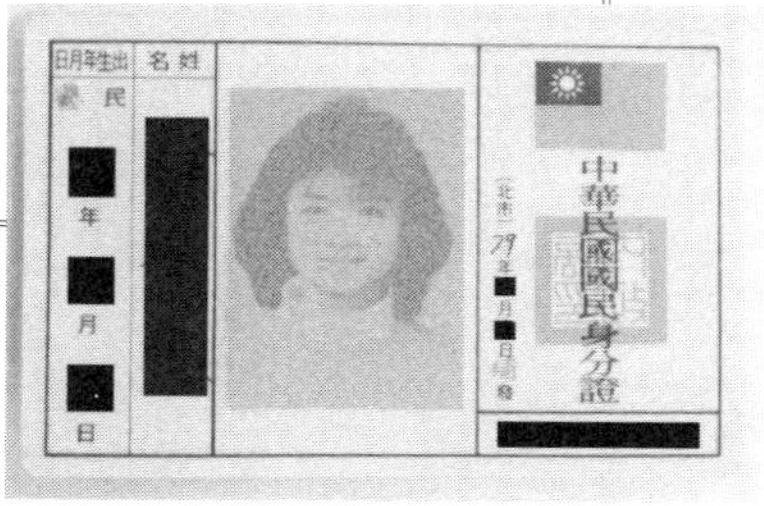

Chapter 1

住基ネットについて

＊総務省が二〇〇二年七月九日に自民党に示した資料「住民基本台帳ネットワークシステムについて」の一部

○住民基本台帳ネットワークシステムについて（一部を抜粋）

1　住基ネットの進捗状況
2　住基ネットの施行について
3　住基ネット施行と個人情報保護法案の関係
4　住基ネットの個人情報保護措置

平成一四年七月　総務省自治行政局

2　住基ネットの施行について

施行延期の場合の問題点

○住民基本台帳ネットワークシステムは、住民サービスの向上と行政の効率化を図るため、地方公共団体共同のシステムとして、全国共通の本人確認が出来る仕組みを構築するものであり、全地方公共団体が一般財源で予算措置を行ってきているところ。

また、全地方公共団体で平成一四年八月の施行に向けて着実な作業を行っているところであり、仮に施行延期となれば、地方公共団体の事務運営に大きな混乱が生じる。

・平成一三年度末までの都道府県及び市区町村の支出総額は、約二七五億円。

・平成一四年度の都道府県及び市区町村の予算措置額は約二九七億円。

・都道府県及び市区町村は、既にリース契約（五年間）等を締結しており、毎月約一六億円の支払いが必要。仮に、契約解除となれば、多額の違約金の支払いが発生。

・データ整備がほぼ全団体で終了しているが、そうした作業が無駄になる可能性。（七月五日現在三二四一団体中三二四二団体完了　九六・九％）

・地方公共団体は、既に八月五日施行を前提に広報活動を実施しており、地方公共団体、住民の双方に混乱が発生。

○住民基本台帳ネットワークシステムは、e―Japan重点計画に基づく電子政府・電子自治体構築のための重要な基盤（行政手続のオンライン化や公的個人認証サービスの構築にとって必要不可欠）となるものであり、施行延期となれば、政府が目指す平成一五年度までの電子政府・電子自治体の実現にとって、大きな支障となる。

3　住基ネット施行と個人情報保護法案の関係

①　住基ネットと小渕元総理の答弁について

1　政府としては、小渕元総理の答弁を踏まえ、個人情報保護法案を既に昨年三月に国会に提出し、その早期成立に向け全力をあげて努力。国会においては、個人情報保護法案の審議がなされているが、現時点において成立を見ていないところである。

しかし、個人情報保護法案が成立すると否とにかかわらず、改正住民基本台帳法に定めるところにより八月に施行することを義務付けられている。また、政府としては、個人情報保護法案を国会に提出したことにより、同法附則第一条第二項の「所要の措置」を講じたことになる。（五月二九日衆・内閣委での内閣官房長官発言）

したがって、小渕元総理の答弁の趣旨に反することにはならないものである。

（参考）

○平成一一年六月一〇日衆・地行委での小渕内閣総理大臣答弁

「住民基本台帳ネットワークシステムの実施に当たりましては、民間部門をも対象とした個人情報保護に関する法整備を含めたシステムを速やかに整えることが前提であると認識」

○住民基本台帳法の一部を改正する法律（平成一一年八月一八日法律第一三三号）抄

附則

（施行期日等）

第一条　この法律は、公布の日から起算して三年を超えない範囲内において政令で定める日から施行する。（以下略）

2　この法律の施行に当たっては、政府は、個人情報の保護に万全を期するため、速やかに、所要の措置を講ずるものとする。

② 住基ネットと個人情報保護法案との関係

個人情報保護法案は、ＩＴ社会の基盤として、また、国際的要請にも応えるため、我が国における体系的な個人情報保護に関する基本法制を整備するものである。

平成一一年の通常国会における住民基本台帳法の改正に際し、民間部門をも対象とした包括的な個人情報保護のシステムの整備の必要性について、国会において幅広い議論がなされ、これを契機として法制化を図ることとされたところである。

改正住民基本台帳法は、基本法である個人情報保護法案に対し個別法として位置づけられるものであり、住民基本台帳ネットワークシステムについては、個人情報保護法案と共通の考え方を基礎として、住民基本台帳法の関係規定等により、十分な個人情報保護措置が講じられているところである。

＊総務省が都道府県知事などに示した横浜市が導入した「市民選択方式」に対する見解（全文）

総行市第一五六号
平成一四年八月七日
各都道府県・政令指定都市
住民基本台帳ネットワークシステム担当部長　殿
総務省自治行政局市町村課長

○本人確認情報の通知を住民の選択制とすることについて

住民基本台帳ネットワークシステムは、住民基本台帳法（昭和四二年法律第八一号）第一条に規定する通り、住民の利便を増進するとともに、国及び地方公共団体の行政の合理化に資するために構築され、平成一四年八月五日の改正住民基本台帳法の施行により稼働したところです。

市町村においては、改正住民基本台帳法の施行と同時に住民基本台帳ネットワークシステムの運用を開始する義務があるところです。一部の地方公共団体においては、都道府県知事に対する本人確認情報の通知を住民の選択制とすることを検討していると聞いているところですが、住民基本台帳法第三〇条の五の規定において、市町村長は住民票の記載等を行った場合には、全住民の本人確認情報を電気通信回線により都道府県知事に通知するものとされており、住民の選択制や任意性を一切認めておらず、違法であるものです。

選択制をとる場合には、住民基本台帳ネットワークシステムにおいて本人確認ができるものとできないものとが混在することとなり、市町村の区域を越えた住民基本台帳に関する事務処理や、国の機関等への本人確認情報の提供等において総合的な効率性が阻害され、全国ネットワークとして機能しなくなるものです。

本人確認情報の非通知希望者の調査についても、それに基づき選択的に都道府県知事に本人確認情報の通知をしたとしても、都道府県知事がその通知を受理することは違法であり、結果として通知希望者の意向に沿えないこととなるものです。

貴都道府県内の市区町村にも早急にご周知下さるようお願い申し上げます。

＊東京都杉並区が住基ネット離脱表明に当たり公表した資料の一部

○杉並区資料（二〇〇二年八月一日公表）

区長コメント

平成一四年八月一日記者会見資料

一　対応内容

住民基本台帳ネットワークシステム（以下「住基ネット」）の八月五日の第一次稼働当初から都への送信をしない。準備段階で送信した情報については、都に対して消去を求める。

二　理由（考え方）

プライバシーと私有財産は、個人の自由と誇りを守る源泉である。私は自立した自由社会を愛する立場から、この二年余、住基ネットに警鐘を鳴らしてきた。

しかし私は、区長として、国会で制定された法律を執行する責務を負っている。同時に、改正住民基本台帳法（以下「改正住基法」）第三六条の二によって、市区町村長は、個人情報の適切な管理のための必要な措置を講じる義務を負っている。このことから、改正住基法の施行に備えて、昨年の九月議会で区独自の条例（「住基プライバシー条例」）を制定した。

改正住基法は、附則第一条第二項で「この法律の施行に当たっては、個人情報の保護に万全を期するため、速やかに、所要の措置を講ずるものとする」と定めており、改正住基法も住基プライバシー条例も個人情報保護のための法整備を前提として施行されるはずであった。しかし、周知のとおり法整備は行われていない。

本年六月六日の区の照会に対して、政府は、法改正の審議過程における小渕首相の答弁を反故にし、「個人情報保護法案を提出したことにより責務を果たした」と回答した。そして最近では「個人情報保護法は平成一五年八月の本格稼働までに整備すればよい」としている。政府は、行政機関の個人情報保護法の特別法である住民基本台帳法によって個人情報は十分守られていると言う。しかし、本人確認情報の提供先での情報漏洩、本人確認情報の目的外利用などに対する規制は不備のままである。

政府は、改正住基法附則第一条第一項を根拠に、「八月五日に住基ネットを実施しなければ違法だ」としているが、確固とした個人情報保護のための法制度が未整備のまま改正住基法を施行し住基ネットを実施することこそが違法である。法第三六条の二に基づき「個人情報の記録を適切に管理する義務」を負っている市区町村長には、個人情報保護に万全を尽くすことが最も重要な責務であり、確固とした個人情報保護のための法制度が整備されるまでの住基ネットへの不参加は適法である。

杉並区では七月一〇日に区長から、一二日には区議会から政府に対して凍結、延期を求める要望書を提出した。また七月五日に住基プライバシー条例を施行し、区民アンケートとともに、学識経験者による調査会議を設けて、住基ネット実施に関する調査を行ってきた。アンケートでは七割を超える多くの区民がシステム稼働に異論を唱え、また、調査会議からも慎重に対処すべきとの中間報告をいただいたところである。

一方で法律を執行する責務を負い、他方で個人情報保護に万全を尽くすべき責務を負う者として、苦渋の選択であるが、住基プライバシー条例第六条第一項及び第三項に基づく調査を踏まえ、改正住基法第三六条の二に基づき、現状において参加することは適当でないと判断した。

三　区民への理解、協力要請

区民アンケートでは「予定どおり実施すべき」という意向の区民もある。

確かに、広報の「区長からのいいメール」でも述べたとおり、住基ネット稼働によって便利になる面もあり、「予定どおり実施すべき」と考える区民各位には申し訳なく思うが、もともとこのシステムは、希望者が番号を登録して使用する選択制でなく、全国民に一律に番号をつけて管理する仕組みになっているために希望に添えないことをご理解いただきたい。

私は区長として、区民一人ひとりの基本的人権を危険にさらすことはできず、確固とした個人情報保護のための法制度が整備されるまでは、住基ネットに参加することはできないと判断したが、住基ネットの本格稼働は来年八月で、今年の八月五日以降の事務手続きには大きな変化はなく、したがって、当面、区民の生活に大きな不便をかけることはないと考える。

区民各位には、是非、ご理解いただくよう、お願いいしたい。

四　都知事及び市区町村長への要請

八月五日からの住基ネットに参加しないことに伴い、準備段階で都に送信した住基情報の消去を求めることによって、また、杉並区から他市区町村への転出時の転入事務が変則的になるなど、格別の負担をかけることになる。

都知事及び市区町村長には、住基ネットに対する様々な考え方の中で、杉並区長としては個人情報保護に万全を尽くす道を選択したものであることを、よろしく御理解のうえ、ご協力いただくようお願いする。

平成一四年八月一日

杉並区長　山田宏殿

杉並区住民基本台帳ネットワークシステム調査会議

委員　田島泰彦

委員　稲垣隆一

○杉並区住基ネット調査会議資料（二〇〇二年八月一日公表）＝中間報告

委員　佐々木俊尚

住民基本台帳ネットワークシステム調査会議中間報告

杉並区住民基本台帳ネットワークシステム調査会議（以下、「調査会議」という。）は、杉並区住民基本台帳に係る個人情報の保護に関する条例第六条第二項及び第四項に基づく「必要な措置」について杉並区長が判断するに必要な専門的事項について調査し、助言することを目的に、杉並区長の諮問機関として発足した。

調査機関は、七月一六日の要綱の制定から概ね二ケ月間とされているが、八月五日の住基ネット第一次稼動までに中間報告することを求められた。

調査会議としては検討期間の中ではあったが、各委員のそれぞれ専門とする分野から、既存の資料等を基に鋭意調査・検討した上で、それぞれの提出したレポートを踏まえて議論した結果、「現段階で住基ネットに接続し、送信を開始することについては大きな危惧を抱かざるを得ない」とする点で、共通認識を得た。

中間報告は、このような基本認識に基づいて作成したものである。

杉並区長においては、上記の調査会議としての危惧を十分に念頭に置き、慎重な対応をとられるよう、提言する。

なお、中間報告で指摘した諸課題については、八月末を目途に引き続き調査・検討を重ね、最終報告とする予定である。

中間報告（全文）

杉並区住民基本台帳ネットワークシステム調査会議

中間報告

住民基本台帳ネットワークシステム（以下、「住基ネット」という。）は万全の個人情報保護対策を講じているとはいえず、住基ネットへの接続については、慎重に対応すべきと考えます。

理由

住基ネットには、以下のような問題がある。

Ⅰ　法制度面

1　区民の個人情報保護に対する住基ネットの脅威を区民が許容できる程度まで減じることができる個人情報保護対策と認められるためには、制度として、住基ネット全体を統括する責任者とその権限を明らかにする個人情報保護法制とセキュリティ法制と、その十分な運用に必要な人と予算の根拠が必要である。しかし、現在、かかる法制そのものが存在しない。

2　仮運用が開始され、必要な水準を満たす個人情報保護法制もセキュリティ法制もなく、総務省告示三三四号や指針の実施すら危惧される状況に照らせば、そのもとで、住基ネットを稼動させることは立法者意思に反する。また、区民の基本的人権が侵害されるおそれが強く、明白で差し迫った危険があるともいえる。

Ⅱ　技術・運用面

1　住基ネットの中で最も大きな問題は住民票コードの運用であり、既存住基システムで住民票コードの交付が可能だが、多くの自治体の既存住基システムのセキュリティ度は低く、住民票コード流失の危険性がある。

2　住基ネットシステムのセキュリティはトップレベルにあるが、その運用は各自治体の裁量に任せられている。しかし、現時点で厳格なセキュリティポリシーを確立している自治体は少なく、不正アクセスに対する対応も不十分で、将来の対策への危惧も少なくない。

○杉並区住基ネット調査会議資料（二〇〇二年八月二八日公表）＝住基ネット調査会議第一次報告

平成一四年八月二八日
杉並区長　山田宏殿
杉並区住民基本台帳ネットワークシステム調査会議

委員　田島泰彦
委員　稲垣隆一
委員　佐々木俊尚
専門委員　佐藤慶浩

住民基本台帳ネットワークシステム調査会議第一次報告

住民基本台帳ネットワークシステム調査会議（以下、「調査会議」という。）は、杉並区住民基本台帳に係る個人情報の保護に関する条例第六条第二項及び第四項に基づく「必要な措置」について杉並区長（以下、「区長」という。）が判断するに必要な専門的事項について調査し、助言することを目的に、区長の諮問機関として発足した。

調査期間は、七月一六日の要綱制定から概ね二ケ月間とされたが、八月五日の住基ネット第一次稼働を目前に控えた八月一日、「現段階で住基ネットに接続し、送信を開始することについては大きな危惧を抱かざるを得ない」とする中間報告を行った。

その後、中間報告で指摘した諸課題や新たに区長から諮問された「住基ネット参加の条件たる確固とした個人情報保護のための法制度」について引き続き鋭意調査・検討を重ね、結論を得たので、別紙の通り報告する。

この報告が、今後の杉並区の住基ネットに関する対策に生かされ、また、区民の個人情報保護の一層の推進につながることを期待する。

第一次報告（全文）

住民基本台帳ネットワークシステム調査会議

第一次報告

調査会議は、八月一日に開催された第一回会議において「住基ネットは万全の個人情報保護対策を講じているとはいえず、住基ネットへの接続については、慎重に対応すべきと考えます。」とする中間報告を行った。

杉並区が、本年八月五日の住基ネット第一次稼働に際し、この中間報告や区民アンケート調査の中間集計等を総合的に勘案したうえで、「住基ネットの八月五日の第一次稼働当初から都への送信をしない。準備段階で送信した情報については、都に対して消去を求める」と決定したことを高く評価する。

八月五日以降の住基ネット稼働状況については、既に新聞等を通じて報道されているところであるが、杉並区の外、福島県矢祭町、東京都国分寺市、三重県二見町、同県小俣町（三重県の二町は後に接続）が接続を見合わせたほか、横浜市は希望者選択制を導入するなど独自の判断により行動する自治体が生まれている。その一方、各地で「通知はがきの番号が透けて見える」「はがきの未着、誤配、番号違い」「第三者へのコード流出」「インターネットと接続可能な庁内ＬＡＮとの接続」等々のトラブルが相次いでいる。こうしたトラブルの原因は現時点では完全に解明されていないが、総合的な運用指針が総務省からきちんと伝達されておらず、相当部分が自治体担当者に任されるなど、セキュリティ対策を含む住基ネットシステム全体が未だ整備されていない状況を如実に物語るものである。

ところで、八月二七日現在の住基ネットに関する区民アンケートの中間集計結果によれば、住基ネット稼働を凍結・延期すべきであるとする回答が、全体の八割を超え、また、八月一日から実施しているインターネットによる一問調査箱・電子掲示版では、住基ネットへの送信を行わないこととした杉並区の決定について、回答者の八五％以上が区の方針を支持すると回答するなど、引き続き多くの区民が区の決定に理解を示していることが分かる。

住基ネットのような責任主体の多数参加するネットワークは、過去に例を見ないもので、これに対する個人情報保護とセキュリティ対策の基準は未だ存在しない。個人情報保護の法制化などの万全の個人情報保護対策や、アイデンティティ・セフト、住民票コードの流出、不正アクセス等に対する十分なセキュリティ対策を講じているとはいえない現段階で住基ネットへ参加することについては、区民のプライバシー・個人情報保護の観点から改めて大きな危惧を抱かざるを得ず、今後、確固とした個人情報保護のための法制度が確立するまでは、引き続き慎重な対応を図ることが必要と考える。

そもそも、住基ネットに参加するためには、行政機関個人情報保護法の抜本強化が必要である。加えて、住基ネットが住民のプライバシー侵害の深刻な危険を持つことを考えると、個々の住民に、自己情報コントロール権の行使として住基ネットへの参加の同意・選択の自由が保障されるべきであり、また、地方自治の原則から、自治体にも参加・不参加の選択の自由を保障する必要がある。（なお、この点については最終報告でさらに検討することとしたい。）

そこで、住基ネット参加の条件たる「確固とした個人情報保護のための法制度」についてであるが、杉並区において、住基ネット参加の条件たる「確固とした個人情報保護のための法制度」としては、

(1) 適正取得の規制やセンシティブ情報の収集禁止の導入、利用目的変更規制の厳格化、目的外利用・提供規制の厳格化、個人情報ファイル簿作成・公表義務の例外の限定、開示・訂正等の例外の限定、規制違反への罰則付科などをはじめ、行政機関個人情報保護法を抜本的に強化すること。

(2) 住基ネット及びこれと情報を流通させるネットワーク全体に対する個人情報保護対策とセキュリティ対策の統括責任者又はその組織が住民基本台帳又は他の法律によって明確にされること。

(3) この責任者によって住基ネット及びこれに接続するネットワーク全体に対する杉並区水準以上の個人情報保護対策とセキュリティ対策の基準が示されること。

(4) 住基ネット及びこれと流通させるネットワーク全体について、これら対策が実際に整備されていることが監査結果によって明らかにされること。

(5) 住民基本台帳法別表に限定列挙された利用事務の拡大等、住基ネットに関連する事項のうち、国民の権利に関する事項の変更は住民基本台帳法によることが法定されること。また、民主的、専門的視点から公正に利用事務の拡大を検証する仕組として、民主的基盤を持ち、法律やコンピューターの専門家などを含む第三者期間を設けること。

以上が必要である。

最後に、あらかじめ各委員から提出され、調査会議における検討の素材として用いたレポートを本報告の資料として添付する。

＊総務省に対する東京都杉並区の質問と回答

［第一回質問と回答］

杉並区は当時、二〇〇一年度当初予算案への計上を全国で唯一、予定していなかった。総務省は全国の地方自治体を対象に「当初予算計上状況等調査」を実施。同区は同調査に回答する形で総務省に住基ネット不参加が違法かどうかを尋ねた。総務省の回答は、改正住民基本台帳法の解釈に関して正式に初めて示した見解となった。

○杉並区の質問全文（二〇〇一年四月一三日）

当区におきましては、住民基本台帳ネットワークシステム（住基ネット）について、区民から多くの疑問が寄せられています。

そこで、区の基本的な方針を定めるために必要ですので、別紙の三点につきまして、ご教示くださいますようよろしくお願いいたします。

（別紙）

1　現時点において、杉並区長に住民基本台帳法上の法令違背が存在するのか、ご教示ください。

2　現時点において違法性がないとすれば、いつの時点でどのような法令違背になるのか、ご教示ください。

3　今後、予算見積り等必要な準備を行うために、必要な政令、省令はいつごろ制定されるのか、ご教示下さい。

○総務省の回答全文（二〇〇一年四月二七日）

1、2　準備期間等を考慮して、改正住民基本台帳法の施行の際に法に規定する事務の実施が困難であることが明らかとなった時点で住民基本台帳法違反となり、改正住民基本台帳法の施行の時点でその違法性が明白になるものと考えられる。

3　政令については五月、省令については七月中を目途に準備を進めている。

［第二回質問と回答］

杉並区は、第一五四回国会（二〇〇二年一月二一日〜六月一九日。七月三一日まで延長）で個人情報保護法案の成立が困難な見通しとなったことから総務省に対して、法案と住民基本台帳ネットワークシステムの稼働との関係についての法的な見解をただした。

○杉並区の質問全文（二〇〇二年六月六日）

一四杉区区発第五六号

平成一四年六月六日

総務大臣　片山虎之助様

杉並区長　山田宏

改正住民基本台帳法の施行について（照会）

前略、初夏の候、貴職におかれましては、ますますご清栄のこととお喜び申し上げます。

さて、いわゆる住民基本台帳ネットワークシステム（以下、「住基ネット」という。）については、各界からプライバシー保護に万全を期す必要があるとの指摘がなされていることはご承知のとおりですが、現状を直視したとき、技術的にも法的にもプライバシー保護に対する大きな疑念と危惧を抱かざるを得ません。

住民基本台帳法（以下、「法」という。）の施行日とされている八月五日が迫る中、衆議院において個人情報保護法案が審議されておりますが、遅々として進まない状況にあり、また、内閣委員会では耳目を疑う政府答弁が見られます。

このような中、区として住基ネット施行に対する考え方を定めるため、下記のとおり、地方自治法（昭和二二年法律第六七号）第二四五条の四第三項に基づき、必要な情報の提供を求めますので、至急ご回答ください。

なお、平成一四年四月二二日付、一四杉区区発第一八号により照会した件について、未だ回答がありません。速やかに、ご回答くださるようあわせてお願いいたします。

記

1 法附則第一条第二項に規定する「所要の措置」とは何か、具体的にご教示ください。政府は、個人情報保護法の成立を「所要の措置」と考えて同法案を国会に提出したものと理解していますが、この理解でよろしいか、あわせてご教示ください。

2 今国会で審議中の個人情報保護法案が成立せず、また、法の施行日までに成立の見込みが立たなくなった場合、政府に附則第一条第二項違反の責任が生じるものと考えますが、如何か、ご教示ください。

3 法の施行日までに何らかの必要の措置を講じないまま、政令で定める日（平成一四年八月五日）に法を施行することに問題はないのか。
「所要の措置」を講じることが法を施行する際の絶対的な前提条件であると解することが法の目的に適う極めて合理的な解釈であり、したがって、「所要の措置」が講じられるまで、法の施行を凍結すべきと思われますが、如何か、ご教示ください。

4 平成一一年六月一〇日衆議院地方行政委員会における当時の小渕首相の答弁「住基ネットの構築に当たり、個人情報保護に関する法整備を含めたシステムを速やかに整えることが前提である」と、平成一四年五月二二日衆議院内閣委員会における福田官房長官の答弁「法律上、個人情報保護法の成立がその施行の条件とはなっていない」は、明らかに相反する矛盾した答弁です。小渕首相の答弁は、政府の法令解釈を示したもので、いわゆる有権解釈である以上、学理解釈とは異なり行政機関はこれに拘束されるものと解されます。したがって、それを覆すのであれば、平成一一年六月一〇日の政府見解を変更する必要があると考えますが、如何か、ご教示ください。

○総務省の回答全文（二〇〇二年六月一九日）

総行市第一二一号
平成一四年六月一九日
杉並区長　山田宏殿
総務大臣　片山虎之助

改正住民基本台帳法の施行について（回答）

平成一四年六月六日付け一四杉区区発第五六号にて照会のありました個人情報保護法案の成立と住民基本台帳ネットワークシステムの実施との関係についての政府の考え方は、下記のとおりです。なお、この考え方については、平成一四年五月二九日衆議院内閣委員会において、官房長官が述べています。

記

1　平成一一年の改正住民基本台帳法案の国会審議の過程において、十分な個人情報保護措置が講じられているものの、なおプライバシー保護に対する漠然とした不安、懸念が残っていることを踏まえ、議員修正により、附則第一条第二項において、「この法律の施行に当たっては、政府は、個人情報の保護に万全を期するため、速やかに所要の措置を講ずるものとする。」との規定がなされたところであります。

2　また、この際の国会審議において、当時の小渕総理から、「住民基本台帳ネットワークシステムの実施に当たり、民間部門をも対象とした個人情報保護に関する法整備を含めたシステムを速やかに整えることが前提であると認識」との答弁がなされました。

この答弁は、行政府の長として、個人情報保護の必要性についての認識を示したものであり、これを踏まえ、政府としては、個人情報保護法案を昨年三月に国会に提出し、その早期成立に向け全力をあげて努力しているところであります。

3　しかし、改正住民基本台帳法それ自体は、同法附則第一条第一項の規定により、公布の日から起算して三年を超えない範囲内において政令で定める日（平成一四年八月五日）から施行することとされており、法律上、個人情報保護法案が成立すると否とにかかわらず、法令で定められている日に施行することが義務づけられております。

また、改正住民基本台帳法附則第一条第二項は、政府は速やかに「所要の措置」を講ずるものとしておりますが、個人情報の保護に関する法律の整備について言えば、政府は、立法機関でなく、自ら法律を制定することはできないものであるため、「所要の措置」とは、法律案の検討、作成、国会への提出を意味し、政府としては、平成一三年三月に個人情報保護法案を国会に提出したことにより、「所要の措置」を講じたことになるものであります。

4　したがいまして、個人情報保護法案が成立すると否とにかかわらず、政府として、改正住民基本台帳法附則第一条第一項に定めるところにより施行することが義務づけられているものでありますが、小渕総理の答弁の趣旨を踏まえ、引き続き、個人情報保護法案の早期成立に向けて、全力をあげて努力してまいる考えであります。

＊横浜市が市民選択制の導入を発表した際に公表した資料

○横浜市資料(1)

横浜市における住民基本台帳ネットワークシステム（住基ネット）への対応について

住民基本台帳ネットワークシステムについて、実施の前提である個人情報の保護に関する法整備がなされないまま、平成一四年八月五日の施行日を迎えるため、市民のプライバシーや権利を守る立場から、別紙の通り「県への本人確認情報の通知について、当分の間、本人に強制しないこと」とします。

○横浜市資料（2）

横浜市における住民基本台帳ネットワークシステム（住基ネット）への対応について

住基ネットの実施にあたっては、住民基本台帳法附則第一条第二項で「この法律の施行に当たっては、政府は、個人情報の保護に万全を期するため、速やかに、所要の措置を講ずるものとする」とされており、行政部門及び民間部門を対象とした個人情報保護に関する法整備がなされることが前提でした。

しかし、個人情報保護法が整備されないまま、八月五日の施行日を迎えようとしています。法を守るべき政府が法を破るこの現状は、法治国家のあり方として看過することはできません。

また、横浜市民の本人確認情報が、横浜市の管理が及ばないところで利用されることは、市民の安全を守るべき市長として市民のみなさんに情報管理に関する説明責任を果たすことができません。

私は、このような状況で住基ネットを実施することに危惧を抱き、七月一〇日に内閣総理大臣及び総務大臣に住基ネットの実施延期を要望しました。

本来、政府が住基ネットの延期を決断すべきものと考えますが、残念ながらこのまま実施されようとしています。

私には、行政の長として、法律を遵守し、市民の皆さんの安全を守る義務があり、また、その責任があります。その義務と責任を果たすため、様々な角度から検討してきました。住基ネットに不安や危惧を抱いておられる方がいる一方、推進を図る方もおいでになります。

そのような中で、何ができるのか、熟考を重ねた結果、横浜市は住基ネットに参加することとしました。しかし、単に参加するだけでなく、県への本人確認情報の通知について、当分の間、希望しない方には強制しないこととします。

神奈川県に対し、すでに準備段階で県に通知した横浜市民の本人確認情報について、消去のお願いをしました。これにより、住基ネットに不安や危惧を抱いておられる方に対して、個人の判断で住基ネットへ参加しないという選択肢を示すことができると考えています。

ただし、この方法は住民基本台帳法で予定しているところではありませんが、不安や危惧を抱いている市民の方々のプライバシーを守るため、住基ネットの安全性が総合的に確認できるまで、緊急避難的に行うものです。市民の皆さんにおかれましては、この苦渋ともいえる決断にご理解を頂きたいと思います。

○横浜市資料（3）

市事五二一号
平成一四年八月二日
神奈川県知事　岡崎洋様
横浜市長　中田宏

横浜市の本人確認情報の消去について

住基ネットの実施にあたっては、住民基本台帳法附則第一条第二項で「この法律の施行に当たっては、政府は、個人情報の保護に万全を期するため、速やかに、所要の措置を講ずるものとする」とされており、行政部門及び民間部門を対象にした個人情報保護に関する法整備がなされることが前提でした。

しかし、個人情報保護法が整備されないまま、八月五日の施行日を迎えようとしています。法を守るべき政府が法を破るこの現状は、法治国家のあり方として看過することはできません。

また、横浜市民の本人確認情報が、横浜市の管理が及ばないところで利用されることは、市民の安全を守るべき市長として市民のみなさんに情報管理に関する説明責任をはたすことができません。

私は、このような状況で住基ネットを実施することに危惧を抱き、七月一〇日内閣総理大臣及び総務大臣に住基ネットの実施延期を要望しました。

本来、政府が住基ネットの延期を決断すべきものと考えますが、残念ながらこのまま実施されようとしています。

私には、行政の長として、法律を遵守し、市民の皆さんの安全を守る義務があり、また、その責任があります。その義務と責任を果たすため、様々な角度から検討してきました。住基ネットに不安や危惧を抱いておられる方がいる一方、推進を希望される方もおいでになります。

そのような中で、何ができるのか、熟考を重ねた結果、横浜市は住基ネットに参加することとしました。

しかし、単に参加するだけでなく、神奈川県への本人確認情報の通知について、住基ネットの安全性が総合的に確認できるまでの間、市民の選択制とすることにしました。

つきましては、誠に勝手ではございますが、貴職におかれましては、すでに準備段階で県に通知した横浜市分の本人確認情報について、八月四日までに消去していただくようお願い致します。

なお、財団法人地方自治情報センターへも、この旨をお伝えいただくよう重ねてお願いいたします。

*自民党の有志議員でつくる「住基ネットを考える議員連盟」が党執行部に提出した資料

○自民党要請文・全文（二〇〇二年七月三一日公表）

要請文　二〇〇二年七月三一日

改正住民基本台帳法は三年前に成立しました。今年八月五日からの施行には、しかし、「個人情報の保護に万全を期するため、速やかに、所要の措置を講ずるものとする」という前提条件が附則第一条第二項としてついています。

言うまでもなく、これは故小渕恵三首相が共通番号の下に集積する個人情報が漏洩したり、悪用される場合の、計り知れない損害を懸念して、国会で三度にわたり答弁した内容です。にもかかわらず、現在に至っても未だ、個人情報保護のための万全の措置はとられておらず、個人情報保護法案さえも成立していません。住基ネット施行の法的前提は、今も満たされていないのであります。

国民全員に番号をつけ、個人情報をその番号の下で管理していく上に、国民にカードを持たせ、カードにはＩＣチップを埋め込むという世界でも前例のないコンピュータネットワークを構築するからには、政治家として国民の情報を守る責任があります。また、立法府の一員として、真に法を守る責務があります。法律の施行時期は迫ったものの法律の前提が満たされていないとしたら、法律そのものを延期し、条件を整えていく責任があります。

地方自治体の混乱ぶりをみても、住基ネットがこのまま施行されることには深刻な危機感を抱かずにはいられません。

国民が真に必要としている仕組み、地方自治体と地域住民のためになる仕組み、そして日本国がそれによって更なる飛躍を遂げられるような仕組みをこそ、政治家の責任として、構築していかなければなりません。

私たちはこのような思いで住基ネットの八月五日施行を、個人情報の保護に万全を期する所要の措置が講じられる時まで延期すべく、同士を募りました。

昨日までに衆議院において議員立法提出に必要な数二一名の署名を確保いたしましたが、残念なことに本日をもって国会が閉会となり、時間的に国会に提出することができませんでした。しかし、これまでの運動を通して、多くの同僚議員及び政府や地方自治体の皆様に、本問題のご理解を深めることができたと思っております。

したがって今後とも政府に対して、個人情報保護のより一層の徹底を求める運動を続けていくことが、私共に課せられた使命と思い、頑張る所存であります。
住民基本ネットシステムを考える議員連盟
会長　小林興起

住民基本台帳法の一部を改正する法律の一部を改正する法律案

住民基本台帳法の一部を改正する法律（平成一一年法律第一三三号）の一部を次のように改正する。
附則第一条第一項中「公布の日から起算して三年」を「個人情報の保護に関する法律（平成一四年法律第　　号）の施行の日から起算して三月」に改め、同項第三号中「公布の日から起算して五年」を「この法律の施行の日（以下「施行日」という。）から起算して二年」に改め、同条第二項を削る。附則第二条中「この法律の施行の日（以下「施行日」という。）」を「施行日」に改める。

附則

この法律は、公布の日から施行する。

理由

住民基本台帳ネットワークシステムの導入に当たって個人情報の保護に万全を期するため、個人情報の保護のための法制度が整備されるまで住民基本台帳法の一部を改正する法律の未施行部分の施行を延期する必要がある。これが、この法律案を提出する理由である。

〈提出賛同者〉
衆議院議員
武藤嘉文▽亀井静香▽河村建夫▽松岡利勝▽栗原博久▽小林興起▽柳本卓治▽阪上善秀▽塩崎恭久▽田中和徳▽谷畑孝▽中野清▽平沢勝栄▽松本和那▽水野賢一▽吉田幸弘▽岩倉博文▽左藤章▽西川京子▽林省之介▽松宮勲
参議院議員
桜井新▽中川義雄▽柏村武昭

＊住基ネットの利用範囲の拡大に関する資料

総務省は二〇〇二年一月二四日付の事務連絡「住民基本台帳法に基づく本人確認情報の提供又は利用事務の追加について」で、全国の自治体（四七都道府県、三三四六市区町村）に示し、追加を検討している一一省庁一五三件の事務についての「特段の意見」がある場合は二月七日を期限に提出するよう求めた。

これに対しては、東京都杉並区、同練馬区、同国立市の三市区が反対の意見を述べた。

○国立市が東京都を通じて総務省に提出した意見

事務連絡

平成一四年二月七日

東京都総務局行政部振興企画課長様

国立市市民課長　小柴登志江

住民基本台帳法に基づく本人確認情報の提供又は利用事務の追加について（要望）

このことについて、別紙のとおり要望いたします。

（別紙）

住民基本台帳ネットワークシステム（以下「住基ネット」という。）の構築に際しては、国民総背番号制につながるとか、国は法律改正をして本人確認情報の利用範囲を拡大するのではないか、といった指摘を議会審議等で常に受けてきた。こうした状況にあって、第一次稼働時期の平成一四年八月五日を待たずに利用拡大の法案が提出されることについては、国立市としては個人情報保護の観点から容認いたしかねる。

また、電子政府実現の前提要件とされている、個人認証システムにおける住基ネットの本人確認情報の利用は、秘密鍵を付与するときの一度のみとするシステムが可能と認識しており、このために本人確認情報の利用範囲を拡大したいとする国の方針は、この点においても容認できない。

国の本人確認情報の利用及び提供は法律で規定され制限されているので、国民総背番号制でもないし、利用範囲拡大の制限は担保されているとする国の説明を、議会、住民に伝えてきた地方自治体を窮地に陥れるものである。

国にあっては、住民基本台帳法改正時に衆議院において議員修正の上、付加された、個人情報保護基本法を早期に成立させ、また、セキュリティ基準及び都道府県及び市区町村のセキュリティ規程案を早期に提示し、住基ネットにおける個人情報保護への国民の信頼を、より確固としたものにされるよう要望する。

○総務省は住基ネット利用事務の追加について、地方自治体に求めた意見を集約。その結果を二〇〇二年二月二〇日に通知した。

事務連絡

平成一四年二月二〇日

各都道府県住民基本台帳ネットワークシステム担当部長　殿

（市町村課・地方課及び情報化推進担当課扱い）

総務省自治行政局市町村課

住民基本台帳法に基づく本人確認情報の提供又は利用事務の追加に係る地方公共団体の意見とそれに対応について

住民基本台帳ネットワークシステムの構築については、日ごろから御尽力を賜り、まことにありがとうございます。

平成一四年一月二四日付け事務連絡「住民基本台帳法に基づく本人確認情報の提供又は利用事務の追加について」に御回答いただきありがとうございました。住民基本台帳法に基づく本人確認情報の提供又は利用事務の追加に係る地方公共団体の意見とそれに対する対応を別添のとおり取りまとめましたので、送付いたします。この結果をもとに住民基本台帳法別表の改正案を作成すべく検討を進めてまいりますので、よろしくお願いいたします。

なお、貴都道府県内の市区町村にも御連絡いただきますようお願いいたします。

＊別添資料（二点）

［一］住民基本台帳法に基づく本人確認情報の提供又は利用事務の追加に係る地方公共団体の意見の概要

【全般的な意見】

調査対象：四七都道府県・三二四六市区町村

【全般的な意見】

○　別表改正に賛成、特段の意見無しの団体が大半

○　別表事務の追加を求める意見が、のべ一〇九件有り

（主なもの）特定非営利活動法人の認証事務、電気工事士免許の交付事務、フロン類回収業者の登録事務

○　別表事務の一部削除を求める意見が、のべ五〇件有り

（主なもの）日本たばこ産業株式会社、日本司法書士連合会、日本土地家屋調査士会連合会、全国社会保険労務士連合会等は、特殊法人等として位置付けられているものの、本人確認情報の提供先としては、適当でないのではないか

【その他の意見】

○個人情報保護に万全を期されたいという団体がいくつか有り
○いかに安全なシステムかを説明できるようにすべき
○電子政府・電子自治体における住基ネットが果たすべき役割について、わかりやすくＰＲすべき
○システムの責任体制を明確にされたい
○将来「国民総背番号制」「納税者番号制」に拡大するのではないかとの懸念を払拭することが必要
○本人確認情報の利用者の範囲をどこまでにすべきか、一定の考え方を示すべき
○国が本人確認情報を利用する事務や制度を設ける場合は、全国知事会、全国市長会、全国町村会などの場で、地方団体（首長）の意見を聴く手続を踏むなど、都道府県・市町村の意見の十分な反映に努められたい
○住民票の写しの添付の省略が進む一方、戸籍謄抄本が残るのはバランスが悪い
○国の機関等と指定情報処理機関との協議内容を開示されたい
○住民票添付が省略される行政手続きをとりまとめ連絡されたい
○情報提供手数料を市町村に交付されたい
○国の機関等の情報利用状況について本院の開示請求権の制度化を要望する
○別表改正を慎重に検討されたい（改正住民基本台帳法がいまだ施行されていない時点での別表の改正について、理由を明示していただきたい等の意見を含む。）という意見が六市区町村であり、別表改正に反対という意見が三市区町村であった。

［二］住民基本台帳法に基づく本人確認情報の提供又は利用事務の追加に係る地方公共団体の意見に対する対応

平成一四年二月二〇日
総務省自治行政局市町村課

【別表事務の追加を検討する理由】

※別表事務＝住民基本台帳法に基づく本人確認情報の提供又は利用事務

○　平成一一年住民基本台帳法改正時において、住民基本台帳法別表について、「各制度を所管する関係省庁と十分に調整を図った上で別表を作成し、継続的に行われるような給付行政または資格付与にかかわる分野で、国民に関係の深い行政事務等を掲げることとした」と説明しました。

○　日本型ＩＴ社会の実現は、二一世紀における豊かな国民生活の実現とわが国の競争力の強化を実現するための鍵であり、世界最高水準の電子政府の実現はＩＴ革命を推進する上で最重要課題の一つです。

平成一二年九月二〇日、第三回ＩＴ戦略会議・ＩＴ戦略本部合同会議において、平成一五年度までの申請・届出等手続のオンライン化実施がほぼ達成される見込みとなったものの、住民票等の情報の確認手段が障害となる共通課題とされ、ＩＴ担当大臣から解決策を見出すよう、指示がなされました。

この指示を受け、平成一三年三月二九日、第三回ＩＴ戦略本部に報告された「電子政府の実現に向けた取組状況について――共通課題の解決方策及び当面のスケジュール等――」において、住民票の写しについては、住民基本台帳ネットワークシステムの活用等により対応することとされています。

○　このように、これまでのＩＴ戦略本部等における議論、平成一一年の国会審議や地方公共団体の意見等を踏まえ、また、改正住民基本台帳法の施行前での改正となることに鑑み、追加事務の範囲を給付行政及び資格付与行政に係る事務に限定したうえで、別表事務の追加を行う方向で検討を行うこととしたものです。

○　なお、本人確認情報の内容の追加（戸籍表示、続柄等）については、当然のことながら、検討対象としておりませんので、念のため申し添えます。戸籍表示を必要とする事務が追加事務に含まれているのではないか、との質問もいただいておりますが、このような事務については、戸籍表示の必要性について再検討を行うなど、事務の見直しの実施等が想定されているところです。したがって、今回の別表事務の追加により、地方公共団体において、本人確認情報を利用するための端末機等の設置以外に、新たなシステム改修等が必要になることはありません。

【別表事務の追加を求める意見についての対応】

○　さらなる別表事務の追加を求める意見が多数寄せられましたが、改正住民基本台帳法の施行前での改正となることに鑑み、平成一一年住民基本台帳法改正時における別表事務の考え方を踏襲し、追加事務の範囲を法令に根拠を有する給付行政及び資格付与行政に係る事務に限定することが適当と考えています。（その場合、税、使用料等の賦課・徴収事務や条例にのみ根拠のある事務は、今回の追加事務の対象にはならないこととなります。）

○　詳細は、別紙「住民基本台帳法に基づく本人確認情報の提供又は利用事務の追加素案」を参照願います。

【別表事務の削除を求める意見についての対応】

○　本人確認情報の提供先については、既に、行政機関に加え、特殊法人、指定法人等であって行政手続を代行する機関が含まれていますが、一部の法人について、民間企業・民間団体と同様の活動を行っており、本人確認情報の提供先としては適当でないのではないかという意見をいただきましたので、所管省庁と協議のうえ、本人確認情報の提供先の範囲について一定の整理をしています。

○　詳細は、別紙「住民基本台帳法に基づく本人確認情報の提供又は利用事務の追加素案」を参照願います。

＊全国市長会関東支部の第七二回全国市長会（二〇〇二年六月六日）への提出議案

○第七二回全国市長会議支部提出議案

一九　都市行財政の充実強化について

六　情報化施策の推進について

（一）略

（二）住民基本台帳ネットワークシステムが本年第一次稼働となるが、その運用に係る経費負担は多大なものと見込まれる。よって、システムの構築及び運用に対する経費について、補助金措置などの地方交付税以外の新たな制度の創設等によって、不交付団体も含め全額財政措置を講じること。

なお、同システムの運用にあたっては、国の行政機関等が住民記録に関する情報の適用を受け、または利用した経過等に係る記録についての本人開示を認めるとともに、データ及びコンピューターセキュリティについて徹底した管理に努め、責任体制の明確化とプライバシー保護に万全の措置を講じること。

また、本人確認情報の提供、又は利用事務の追加など安易な法改正による利用拡大を行わないこと。

＊衆院地方行政委員会（一九九九年六月一一日）で改正住基法の賛成多数による可決後になされた附帯決議（議事録から関係部分を抜粋）

○　山本（公）委員　私は、この際、自由民主党、公明党・改革クラブ及び自由党の三会派を代表し、住民基本台帳法の一部を改正する法律案に対しまして、次の附帯決議を付したいと思います。

案文の朗読により趣旨の説明にかえさせていただきます。

住民基本台帳法の一部を改正する法律案に対する附帯決議（案）

政府は、本法の施行に当たり、次の諸点について善処すべきである。

一　政令及び省令の制定並びに法の運用に当たっては、国会審議で論議されたプライバシー保護に関する意見及び地方公共団体の意見を十分尊重し、その業務に支障を来すことのないよう配慮するとともに、地域住民が制度の趣旨を十分理解できるよう徹底を図ること。

二　住民基本台帳ネットワークシステムの導入に当たっては、データ保護及びコンピュータ・セキュリティの確保等について徹底した管理に努め、責任体制を明確化する等、プライバシー保護に十全の措置を講ずることにより、住民が信頼するに足りる制度の確立を図ること。
三　住民基本台帳ネットワークシステムの導入及び管理運営に要する経費について、地方公共団体に対し、必要な財政措置を講ずること。
四　住民基本台帳カードの保持及び利用に当たっては、住民意思による交付の原則を貫き、カード所有の有無によって行政サービスの内容等に差異が生じることのないよう十分留意すること。
五　国の機関等による住民基本台帳ネットワークシステムの利用目的を厳格に審査するとともに、定期的に利用状況を検証すること。また、システム利用の安易な拡大を図らないこと。
右決議する。
以上であります。
何とぞ皆様方の御賛同をお願いいたしたいと思います。
○　坂井委員長　以上で趣旨の説明は終わりました。
採決いたします。
本動議に賛成の諸君の起立を求めます。
〔賛成者起立〕
○　坂井委員長　起立総員。よって、本動議のとおり附帯決議を付することに決しました。
この際、野田自治大臣から発言を求められておりますので、これを許します。野田自治大臣。
○　野田（毅）国務大臣　ただいまの附帯決議につきましては、政府といたしましても、その御趣旨を尊重し、善処してまいりたいと存じます。

＊片山虎之助総務相が住基ネット稼働に当たって発表した談話（二〇〇二年八月五日）

○住民基本台帳ネットワークシステムの稼働について（大臣談話全文）

本日から、住民基本台帳ネットワークシステムが稼働いたします。

このシステムは、ＩＴ革命の急速な進展の中で、住民サービスの向上、国・地方を通じた行政の合理化を図るため、全国の地方公共団体の共同のシステムとして、各種行政の基礎である住民基本台帳のネットワーク化を図るものです。

現在、国民の皆様が行政機関に申請・届出を行う場合に、多くの手続きで住民票の写しなどが求められますが、このシステムの利用により、住民票の写しを取りに行ったり、生存確認の書類を提出するなどの負担が軽くなります。他方、行政側でも常に最新で正確な居住情報などを確認することが可能となり、年金の過払い防止など、公平で効率的な行政を行うことができます。

また、このシステムは、「電子政府・電子自治体」の基盤ともなるものであります。

個人情報保護法制の早期成立については引き続き努力してまいりますが、その特別法である住民基本台帳法においても、個人情報保護対策は、制度面・技術面・運用面から十分な措置を講じているところです。

住民基本台帳ネットワークシステムにおいて都道府県及び指定情報処理機関が保有する本人確認情報は、法律により「氏名・生年月日・性別・住所・住民票コード・これらの変更情報」に限定されています。

また、このシステムを利用することができる行政機関や事務は、法律で具体的に限定されるとともに、目的外利用は一切禁止されています。

さらに、関係職員が秘密を漏らした場合は、通常より重い罰則が科せられます。

セキュリティの観点からは、安全性の高い専用回線でネットワークを構築、通信データの暗号化、通信相手となるコンピュータとの相互認証、操作者の厳重な確認などの対策を講じています。また、地方公共団体と指定情報処理機関で緊急時対応計画を策定し、不正なアクセスなど不測の事態にも迅速に対応できるようにいたします。

このシステムの稼働に当たりまして、以上の措置に加えて、八月二日に「総務省住民基本台帳ネットワークシステム緊急対策本部」を設置し、緊急時の迅速かつ的確な対応を行うこととといたしました。

また、学識経験者などの専門家や地方公共団体の代表者からなる「住民基本台帳ネットワークシステム運営調査委員会」を八月中に総務省に設置することといたしました。この委員会においては、住民基本台帳ネットワークシステムの運営、個人情報保護措置、セキュリティ対策、地方公共団体の体制などのあり方について幅広く調査審議を行い、総務大臣に意見を述べていただくことといたします。

さらに、できるだけ早期に、全地方公共団体を対象に監査法人等による外部監査を実施することといたします。

国民の皆様には、本日以降、このシステムからの情報を正確・迅速に取り出すために必要不可欠な住民票コードがお住まいの市区町村から通知されることになりますが、大切に保管していただきますようお願い申し上げます。

民間部門での住民票コードの利用は禁止されています。他人に住民票コードを聞くことはできず、また、契約の相手方に住民票コードを聞くことや住民票コードの記録されたデータベースを作成することに対しては、都道府県知事による中止勧告や命令権を設け、命令違反には罰則が科せられています。特に、この点についてはご留意ください。

地方公共団体におかれては、個人情報の保護及びセキュリティの確保のため十分な対策を講じていただき、住民基本台帳ネットワークシステムを運営されますよう、重ねてお願い申し上げます。

＊市民グループ「住基ネット八月五日実施を許さない実行委員会」が片山虎之助・総務大臣宛てに若松謙維副大臣に提出した住基ネット稼働に抗議する声明（全文）

二〇〇二年八月五日
片山総務大臣　様
住基ネット八月五日実施を許さない実行委員会

住基ネット八月五日強行実施に対する抗議並びに申し入れ

改「正」住基法が成立してから三年、本日住基ネットが強行実施されました。この日が近づくにつれ、日に日に反対の声が強まり、福島県矢祭町、東京都杉並区、国分寺市等住基ネットから離脱する自治体まで現れました。ある世論調査によれば、約八割の人々が延期を望んでいるというデータもあるくらいで、住基ネット八月五日実施は市民の賛同を得られていません。そんな状況の中で住基ネットを強行実施したことは許されることではありません。

私たちは、住基ネット八月五日強行実施に対して強く抗議します。

九九年法成立時、当時の小渕首相の答弁や改「正」住基法の付則も個人情報保護法制の存在を住基ネット実施の前提としていました。

ところが、前通常国会では個人情報保護法が成立しなかったために、この前提が崩れ、住基ネット実施は不可能になるはずでした。

さらに私たちは、個人情報保護法が成立したからといって、住基ネットの実施を認めるものではありません。私たちにとって何のメリットもなく、知らないうちに私たちの個人情報が集積、加工され、ますます効率的に「国民」を監視・管理していこうとする住基ネット・国民総背番号制は根源的に私たちの「自由」とは相容れないものです。

それはこの間の防衛庁の情報公開請求者のリスト問題、原発の給付金受給拒否者のリスト問題を見れば明らかです。住基ネット／国民総背番号制は、こうした国や自治体による個人情報の収集・加工を今より数段容易にします。

統一番号をつけて人間を管理しようという発想そのものを私たちは受け入れることができません。

今からでも遅くはありません。多くの市民の声に耳を傾け、住基ネットを廃止してください。

私たちは住基ネット八月五日強行実施を許さない！

私たちに十一ケタの国民総背番号はいらない！

住基ネットに対して不参加・離脱を表明している自治体に対して圧力をかけるな！

私たちは住基ネットの廃止まであきらめないことを宣言するとともに、再度住基ネットを八月五日に強行実施した政府・総務省に対して万感の怒りをもって抗議します。

＊個人情報保護法案に反対し、住民基本台帳ネットワークシステム施行の延期を求める日弁連会長声明

（全文）＝二〇〇二年五月二四日　去る五月一七日、衆議院内閣委員会において、個人情報の保護に関する法律案の審議が開始された。

日弁連は、同法案に対し、昨年五月九日の意見書において、抜本的修正がされない限り反対する旨表明した。その理由は、公的部門の個人情報保護法制の整備を優先すべきこと、同法案は基本原則を示すにとどまらず、弁護士、弁護士会も含む民間事業者一般に対し具体的義務を課した上、個人情報保護のための独立した機関をおかずに主務大臣が助言、勧告、命令等の権限を持ち、命令違反には罰則を設けていることから事業者に対する広範な介入を招くおそれがあることなどである。

この法案に対してはマスコミ等から強く指摘されているようにメディアの活動を不当に規制するものであることが明らかになっている。

加えて、今年三月に国会に提案された行政機関の保有する個人情報の保護に関する法律案は、公的部門の個人情報の取扱について住民票コードによる名寄せを容認し、実質的な規制を放棄したに等しいものである。

もとより高度情報化社会が進展する中で、個人情報保護法制は必要であるが、両法案に上記のような重大な問題がある以上、若干の修正ではおよそ解決にはならないので、反対せざるを得ない。高度情報化社会における実効的な個人情報保護を真に実現する法制のあり方について改めて検討すべきである。

一九九九年八月に住民基本台帳法改正により住民基本台帳ネットワークシステム（以下「住基ネット」という。）の導入が決まった際、住基ネットが国民すべてに番号を付し、しかも全国的なコンピュータネットワークによって流通させる、プライバシー侵害の危険性が高いものであることから、同改正法施行に先立って個人情報保護法制を整備する必要があるために両法案が策定されたものである。したがって両法案が成立しない以上、住基ネットを施行すべきではない。

また、多くの市区町村が住基ネットの導入に消極的であり、プライバシー保護と技術的な準備の両面について大きな不安を持っており、このまま実施することは収拾のつかない混乱をもたらすおそれがあることからしても、本年八月に予定されている住基ネットの実施は延期すべきである。

二〇〇二年（平成一四年）五月二四日

日本弁護士連合会会長　本林徹

＊東京都中野区は二〇〇二年九月一一日に住基ネットへの接続を中止した。田中大輔区長は会見を開き、次のようなコメントを発表した。

〇中野区長コメント

中野区は、本日、住民基本台帳ネットワークシステム（住基ネット）との接続を切断し、本人確認情報の東京都への送信を停止しました。また、すでに東京都に送信した本人確認情報の消去を求めてまいります。

区は住基ネットの稼動の前提として、万全な個人情報の保護措置がなされることが必要であるとの立場で、個人情報の保護に関する法律案の成立が見込まれないことから、七月一八日付で稼動延期を国に要望したところです。

また、総務大臣に対しては、八月一四日付で、本人確認情報の安全確保について具体的にどのような措置を講じるかなどの照会をしました。

その後、九月一〇日には、区の照会に対する回答をいただくとともに国から説明も受けました。その内容を検討した結果、自治体が本人確認情報の提供先である国の機関等の安全性を確かめる手だてが用意されていないことや、提供先で閲覧できる範囲がどこまでかがあいまいな部分があるうえ、そのことへの配慮を欠くなどの問題点があると判断しました。個人情報保護に関する基本法がいまだに制定されていない現在、こうした現状では、住基ネット全体の安全性に不安を感じざるをえません。区民の個人情報が確実に保護されることが十分に確認できず、したがって、区民のプライバシーが侵害される恐れが払拭できません。

地方公務員共済組合などの機関には明日一二日にも、本人確認情報の提供が開始されます。個人情報の安全確保措置が十分に確認できないままに、個人情報の利用が始まろうとしています。

私は、住民サービスの向上と行政の効率化を目的とした住民基本台帳ネットワークシステム自体を否定するものではありません。区長は、住民基本台帳法に基づく適正な事務の管理・執行とともに、区民の個人情報を守る責任を果たす義務を負っています。住基ネットの切断は、区長として、区民の個人情報を保護するため、やむをえない措置として行いました。

平成一四年（二〇〇二年）九月一一日
中野区長　田中大輔

Chapter 2

住基ネットをめぐる主な動き

一九九二年	九月	・自治省の「異動情報ネットワーク部会」が「九五年度をめどに住民基本台帳の個人番号を一本化に」と提言。
九四年	八月	・政府が高度情報通信社会推進本部（本部長・村山富市首相）を設置（二日）。 ・自治省が自治省行政局長の私的研究会「住民記録システムネットワークの構築に関する研究会」（座長・小早川光郎　東京大学教授）を設置。中間報告（九五年三月）、最終報告（九六年三月）。
九六年	七月	・自治大臣の懇談会として、経済界、労働界、消費者、報道関係、地方自治体など各界から選出した「住民基本台帳ネットワークシステム懇談会」を設置。七月、九月、一〇月の三回にわたり会合を開いた。自治省は懇談会の意見概要を公表（九六年一二月）。
九七年	六月	・自治省が住民基本台帳法改正試案（住民基本台帳ネットワークシステムの構築について）をまとめる（一七日）。
一九九八年	二月	・自治省が改正住基法案の骨子を公表。

九九年	三月	・政府は、改正住民基本台帳法案を閣議決定し、衆院に提出（一〇日）。
	五月	・京都府宇治市で住民基本台帳の情報を基にした個人情報の流出が判明（二一日）。九九年は、このほかにも警察や電気通信事業者からの個人情報漏洩事件が相次ぐ。
	六月	・自民、自由、公明の三党が住基法の改正で「三年以内に（官民両分野を対象にした包括的な個人情報保護法の）法制化」で合意（四日）。 ・小渕恵三首相（当時）が衆院地方行政委員会で「住基ネットの実施は個人情報保護に関する法整備が前提だ」と答弁（一〇日）。
	八月	・改正住基法案が一部修正のうえ参院本会議で可決され、成立（一二日）。
	一一月	・旧自治省、指定情報処理機関に同省の外郭団体、財団法人・地方自治情報センターを指定（一日）。 ・政府の個人情報保護検討部会が包括的な個人情報保護法の制定を求める中間報告（一九日）。検討部会設置は、七月一四日。
	一二月	・民主党が改正住基法廃止法案を提出（八日）。二〇〇〇年の通常国会に継続審議後、衆院解散で廃案（二〇〇〇年六月二日）。
二〇〇〇年	一月	・自治省、住民票コードを十一ケタとする省令を告示（二八日）。
	六月	・東京都杉並区長が定例区議会で住基ネット導入に慎重姿勢を表明（一四日）。
	七月	・情報通信技術（ＩＴ）戦略本部（本部長・森喜朗首相）を設置（七日）。高度情報通信社会推進本部は廃止。

二〇〇〇年	七月	・九州・沖縄サミット（七月二一～二三日）が開催され、ＩＴ憲章（グローバルな情報社会に関する沖縄憲章）を採択。主要八カ国首脳会議（Ｇ８）「ＩＴの潜在的可能性を十分に具体化するためにリーダーシップを発揮する」と表明。
	八月	・政令指定都市一二市長が連名で個人情報保護の強化を求める要望書（二七日）。
	一〇月	・政府の個人情報保護法制化専門委員会が個人情報保護法案の下敷きとなる「個人情報保護基本法制に関する大綱」（一一日）。委員会設置は、一月二七日。 ・全国市長会関東支部が個人情報保護の充実を求める決議書（一九日）。
	一一月	・民主党が改正住基法廃止法案を提出（一日）。審議未了のまま廃案。 ・ＩＴ戦略本部などが「ＩＴ基本戦略」を決定（二七日）。 ・高度情報通信ネットワーク社会形成基本法（ＩＴ基本法）が成立（二九日）。
二〇〇一年	一月	・政府、ＩＴ基本法に基づき高度情報通信ネットワーク社会推進戦略本部（本部長・森喜朗首相、ＩＴ戦略本部）を設置（六日）。 ・政府がｅ―Ｊａｐａｎ戦略を決定。目標は「五年以内に世界最先端のＩＴ国家」（二二日）。
	二月	・日弁連が公的分野の個人情報保護が整備されるまで改正住基法の施行延期を求める意見書＝政府の「個人情報保護基本法制に関する大綱」に対して（二日）。 ・杉並区が二〇〇一年度当初予算案で関連経費の計上を見送る、と発表（五日）。 ・経済産業省が二〇〇一年度実施の「ＩＴ装備都市研究事業」で全国二一都市・

三月

地域の実験を採択（一九日）。約一一〇万枚を配布する過去最大のICカード実験に。

・政府は一枚のICカードで連携して行政事務を行なえるようにするため、全省庁参加の連絡会議を設置（二三日）。

・政府は個人情報保護法案を閣議決定し、衆院へ提出（二七日）。

四月

・政府がe—Japan重点計画を決定。申請・届け出のオンライン化に向け、住民票の写しの提出を省略する手段として住基ネットの活用を提言（一九日）。

・地方自治情報センターが「住民基本台帳ネットワークシステム全国センター」を設置（一日）。

・政府の連絡会議の発足を受け、IT（情報通信）関連企業四二社が民間推進団体を設立（二日）。

・総務省、地方自治体に対して地方議会での質問状況の全国調査を指示（五日）。

・総務省が「行政機関等個人情報保護法制研究会」（座長、茂串俊・元内閣法制局長官）を設置（一八日）。

五月

・総務省が杉並区の質問に対し、「住基ネット非構築なら住民基本台帳法違反」との見解を示した（二七日）。

・杉並区が二月に実施した区民アンケートで七割が「住基ネット導入に疑問」と回答（二一日）。

二〇〇一年	六月	・民主党が改正住基法廃止法案を提出（一九日）。審議未了のまま廃案（二九日）。
	七月	・杉並区は区情報公開・個人情報保護審議会を開き、住基ネットに関して意見を求める（一三日）。 ・関西大、京都大、国会議員、杉並区長、弁護士、市民らがＩＣカード導入を断念した韓国へ合同調査（三〇日〜八月二日）関大は二〇〇一年三月にも実施。
	八月	・総務省が改正住基法で政令案を公表（九日）。 ・杉並区の情報公開・個人情報保護審議会が「住基プライバシー条例」の制定を答申（二一日）。同条例は離脱も視野に。
	九月	・杉並区が住基ネット参加と住基プライバシー条例の制定を表明（三日）。関連経費を九月定例区議会で計上。 ・櫻井よしこ氏らの呼びかけで首長らも参加する「改正住民基本台帳法を考える国民会議」を東京・永田町で開催（五日）。 ・日弁連が杉並区の住基プライバシー条例を支持する会長声明（二〇日）。 ・杉並区議会が住基プライバシー条例を賛成多数で可決（二一日）。
	一〇月	・地方自治情報センターが静岡県と沼津市、島田市、森町の一県三市町で約一カ月にわたる住基ネット稼働試験を開始（二二日）。 ・外部のネットワークとの結合を禁止する保護条例を持つ自治体が減少していることが総務省の調査で判明（二三日）。総務省が住基ネット導入に伴う指導で。

一一月

・総務省の行政機関等個人情報保護法制研究会が最終報告（二六日）。住基ネットの個人情報保護策には触れず。

・櫻井さんを代表に著名人が参加する「国民共通番号制に反対する会」が発足（二一日）。二五日には作曲家の三枝成彰さんら約一〇人とともに東京・数寄屋橋の街頭で住基ネットの廃止を求めてアピール（二五日）。

一二月

・民主党が改正住基法廃止法案を提出（三日）したが、審議未了のまま廃案に（七日）。

・日弁連が住基ネットの問題点を考えるシンポジウム（五日）。日弁連の全国自治体調査で「メリットの方がデメリットより大きい」と考える自治体は二割にとどまることが明らかに。

・総務省がIT戦略本部に対して、行政手続きのオンライン化のため、法整備の立案方針（骨子案）をまとめる。その中で、e―Japan重点計画を踏まえ、住基ネットの利用拡大を図る法案を　第一五四回国会（二〇〇二年一月二一日～七月三一日）に提出する方針を示す（六日）。

・自民、保守、民主の一〇人を発起人とする与野党超党派による「国民共通番号を考える国会議員の会」が初会合（六日）。

・埼玉県上福岡市が杉並型条例の制定検討を議会で表明（一〇日）。

・総務省、住基ネット稼働日を二〇〇二年八月五日とする政令を公布（一八日）。

二〇〇二年

一月

・地方自治情報センターが福島、静岡両県の計三一市町村で市町村総合運用テスト（P2テスト）を実施（七日～三一日）。住民票コードや既存の住基システムなどに関する計五分野の不具合が判明。

・総務省は、住基ネットの利用事務拡大について、一一省庁一五三件の事務を例示して地方自治体の意見を照会。東京都杉並区、同練馬区、同国立市の三自治体が反対を表明（二四日）。六自治体が慎重姿勢を示す。

二月

・地方自治情報センターがP2テストに参加した自治体を除く全地方自治体で市町村総合運用テスト（P3）を実施（四日～三月二九日）。一七分野で不具合。

・総務省が住基ネットの稼働を前に利用拡大を図る法案を提出しようとしていることを『毎日新聞』が一面トップで報道（二四日）。なし崩し的な利用拡大の懸念が高まる。総務省の金沢薫事務次官は二五日の会見で利用拡大法案（行政手続きオンライン化三法案）の提出を認めたが、「利用範囲は法律で限定されている」と反論。片山虎之助総務相も二六日の会見でプライバシー侵害との批判を否定した。

三月

・行政機関等個人情報保護法案が閣議決定され、衆院に提出（一五日）。

・小泉純一郎首相が訪韓中の記者懇談で個人情報保護法案の審議入りに意欲を示す（二一日）。

四月

・日本新聞協会理事会が一五年ぶりの緊急声明。個人情報保護法案と人権擁護法案に懸念を表明（二四日）。

五月

・個人情報保護関連五法案が衆院本会議で趣旨説明・質疑（二五日）。

六月

・個人情報保護関連五法案が衆院内閣委員会で実質審議入り（一七日）。

・防衛庁が情報公開請求者の身元を調査したリストを作成していたことが『毎日新聞』の報道で発覚（二八日）。

・自民、公明、保守の与党三党が行政手続きオンライン化三法案の閣議決定に当たり、第一五四回国会では継続審議とすることで合意（六日）。

・全国市長会が関東市長会の提案を受けて、住基ネットの安易な拡大をしないことを求める決議（六日）。片山虎之助総務相は「総務省の説明が不十分なだけ」と述べる。

・住基ネットの利用範囲の拡大を図る行政手続きオンライン化三法案が閣議決定（七日）。

・個人情報保護法案が国会で成立しない見通しとなり、高知県十和村議会が稼働延期を求める意見書を全国で初めて採択。八月二二日現在、同様の決議は七三の地方議会に上る。個人情報保護法案の撤回や修正、慎重審議を求める意見書の採決も六〇件に及んだ。

・東京都国分寺市の星野信夫市長が住基ネット延期を求める要望書を総務大臣宛てに提出。首長の提出は初めて（一二日）。八月二二日現在で三九の自治体の首長が同様の提出をした。

二〇〇二年

七月

・自民党の亀井静香・前政調会長が住基ネットの稼働延期を求める考えを表明（四日）。
・杉並区が住基プライバシー条例の施行を予定（八月五日）を繰り上げて施行（五日）。区長の私的諮問機関「住基ネット調査会議」も設置した（一六日）。
・日本弁護士連合会が第二回全市区町村アンケート。「延期すべきでない」は約二〇％。一方、「延期が望ましい」（約一四％）と「どちらともいえない」の六〇％の否定・懐疑派の合計は約七四％に上った（五日）。
・横浜市の中田宏市長が住基ネット稼働延期を求める意見書を政府に提出。三四五万人分が不参加となる可能性が強まる（一〇日）。
・野党四党が共同で住基ネット凍結法案を提出（一一日）。
・福島県矢祭町が住基ネット離脱を表明。本番運用と同じ住基ネットの仮運用（八月一日まで）が始まる（一一日）。八月一日までにデータ更新に関して七七件の問い合わせ。総務省は「システム運用に支障となるものはなかった」と発表（二日）。
・自民党の住基ネットを考える議員連盟が発足。会長に小林興起・衆院議員（一九日）。自民党本部で、住基ネットに反対するジャーナリストの櫻井よしこさんや、総務省の井上源三市町村課長らをパネリストにシンポジウム（二三日）。
・市民グループ「住基ネット八月五日実施を許さない実行委員会」が稼働延期を

求め、東京・銀座周辺を仮装パレード。約五〇〇人が参加（二〇日）。
・弓削達・東京大名誉教授ら六人が国、地方自治情報センター、都道府県と原告が住む市区町村に対し運用差し止めを求める訴えを東京地裁に起こす（二六日）。
・住基ネット稼働中止を求める脅迫文が静岡県、静岡市と焼津市に郵送される。三県市は、静岡県警に届け出た（二九日）。封筒には散弾銃の鉛弾も同封。
・「住基ネット議員連盟」が稼働延期を小泉純一郎首相に進言するよう安倍晋三・内閣官房副長官に申し入れ（三〇日）。三一日には自民党政調会長ら党幹部にも。
・三重県小俣町と二見町が住基ネットに当面の間の離脱を表明（三一日）。
・衆院総務委員会は野党の住基ネット凍結法案の廃案を決めた。個人情報保護関連五法案も継続審議に（三一日）。

八月

・東京都杉並区が住基ネット調査会議の「慎重な対応」を求める中間報告（一日）を受け、離脱を表明（一日）。離脱を宣言した同区には、転入希望の問い合わせが二七件あったことを公表（二日）。
・総務省が若松謙維副大臣を本部長とする「住民基本台帳ネットワークシステム緊急対策本部」の設置を発表（二日）。
・東京都国分寺市も離脱を表明。横浜市は市民選択方式の導入を発表（二日）。
・「住基ネット導入に待った！をかける自治体議員の会」の地方議員計五九人が

二〇〇二年

八月

総務省に稼働延期を申し入れ（二日）。
・住基ネットが全国の地方自治体で稼働（第一次）（五日）。
・「住基ネット八月五日実施を許さない実行委員会」が電話相談のホットラインを開設（六日）。二五日までの二〇日間で七三一件。すべてが反対の意見だった。
・総務省が「選択制は違法」との見解を通知。また、住民票コードを通知の際、誤りが相次いでいることから、作業に慎重を期すよう都道府県を通じ全市区町村に通知した（七日）。
・三重県小俣と二見の二町が町独自の要綱や規定を制定するなど個人情報保護対策が整ったとして、住基ネットに接続（九日）。
・住民票コードの通知作業で、誤配や、他人の番号の誤通知などのトラブルや、「番号が透けて見える」などの苦情が市区町村に相次ぐ。
・片山虎之助総務相が津市で会見し、住基ネットのアクセスログ（通信記録）の開示について「検討の余地ある」と発言（一七日）。
・愛媛県丹原町千原地区（二一世帯）が住基ネットについて町に異議を表明。自治組織がそろって意思を示すのは異例（一九日）。
・横浜市で市民グループが選択方式で不参加を呼び掛ける会を発足（二一日）。
・東京都杉並区の「住基ネット調査会議」が「引き続き慎重な対応」を求め第一次報告を公表（二八日）。

九月

・横浜市で住基ネットの不参加希望者の受け付けが始まる（二日）。一〇月一一日まで。二七日現在で約三九万六〇〇〇人。

・個人情報保護条例を制定している地方自治体は、二〇〇二年四月一日現在で、全体（三二八八団体）の約三分の二（六五・七％）にとどまっていることが総務省の集計で判明（三日）。都道府県では七団体が未制定。

・総務省の住民基本台帳ネットワークシステム運営調査委員会が初会合（三日）。学識経験者や首長がセキュリティー対策などについて意見を述べることが役割。

・住基ネット問題で、全国知事会が片山総務相と意見交換会。アクセスログ（通信記録）の開示制度や国の悪用に対する是正命令権の創設が議論に（四日）。

・東京都中野区が住基ネットから離脱。稼働後は全国で初めて（一一日）。

・地方公務員共済組合が年金給付支給事務（一二日）、厚生労働省が戦傷病者戦没者遺族年金給付支給事務（三〇日）の計二事務で住基ネットの利用を開始。

・市民グループが「反住基ネット連絡会」を設立。一一月一一日を「反住基ネットの日」と定め、中止を求める請願署名運動の展開を決めた（一九日）。

・住民基本台帳ネットワークシステム推進協議会（担当部長級で構成）が、ログ開示について、「本人確認情報提供状況開示検討部会」設置を決めた（二三日）。

・日本弁護士連合会が福島県郡山市で人権擁護大会。シンポジウム分科会のテーマの一つに「住基ネット」（一〇～一一日）。

あとがき

住民基本台帳ネットワークシステム（住基ネット）の取材を始めて、三年が過ぎた。

住基ネットは、表現・報道の自由を制約する懸念が大きい個人情報保護法案の策定と密接なかかわりがある。個人情報保護法案とともにタイミングを図りながら、『毎日新聞』でもその都度、紙面化してきた。

どんな危険な法案でも成立までは批判的な報道があふれるが、いったん成立してしまうと急に小さい扱いになってしまう傾向がマスメディアには強い。

個人情報保護法案についても、ある官僚はしばしば「マスコミはどうせ成立してしまえばあとは書かなくなる」と見透かしたように言っていた。

事実、一九九九年夏以降の各社の紙誌面からは、住基ネットの関連記事は激減する。しかし、その中にあって『毎日新聞』は継続してフォローし、掲載回数と扱いは他紙を大きく上回っていたと思う。

九一年から始まった「情報デモクラシー」と名付けた情報公開キャンペーンの延長線上に住基ネット・個人情報保護法報道があり、そして二〇〇二年度の日本新聞協会賞を受賞した同僚の大治朋子記者がスクープした「防衛庁リスト問題」があった。

ところで、住基ネットが国民から再び大きな注目を集めるようになったのは、二〇〇二年八月五日の稼働も間際になってからだった。

きっかけをつくったのは、このシステムの主役であるはずの地方自治体の〝反乱〟だった。この反乱は、住基ネット離脱にまで広がりをみせた。

二〇〇二年六月。個人情報保護法案の成立が困難な見通しとなってくると、地方議会は政府に対して稼働延期を求める意見書を次々に採択していった。議会の声に押され首長も要望書を提出するなどその数は、二カ月余で一〇〇件を超えた。

日本弁護士連合会の全市区町村アンケート（二〇〇二年六月）でも、「延期すべきでない」はわずか二割に過ぎなかった。意見書の行間には「政府の約束違反」を牽制する意味がにじみ出ていた。

しかし、政府は住基ネットを「予定通り稼働させる」として方針を改めなかった。

そして、住基ネットは動き出す。

住基ネットの取材では、改めて地方自治、地方分権とは何かという問題についても考えさせられた。建前の主役と、実権を握る者がこれほどかけ離れた法律があるだろうか。自治体には何の意思決定権もない。国の言うことにひたすら従っているだけだ。

地方に権限を移譲していると見せかけながら、背後で政府が操っているシステムはほかにもたくさんあるに違いない。

いま、総務省は市町村合併を推進し、三三〇〇ある自治体を一〇〇〇程度に集約することを考えている、という。

最初に住基ネットの延期を決議した高知県十和村の人口は三八〇〇人で、最初に離脱を宣言した福島県矢祭町は七三〇〇人だ。

合併は、こうした地方の小さな異議申し立ても一緒にのみ込んでしまうのではないだろうか。それを考えると、合併のデメリットは果てしなく大きいようにだれもが感じるのではないだろうか。

本書は、二〇〇一年一〇月に著した『個人情報保護法の狙い』（緑風出版）の続編として位置づけた。個人情報保護法と住基ネットは密接なかかわりを持つからだ。骨格は、同書をまとめた際に書いてあった。今回、稼働までの展開を付け加えた。

住基ネットがその他のデータベースと結合すれば、住民票コード一つでさまざまな個人データを瞬時に名寄せできる。

こうした国民総背番号制社会の怖さと重ね合わせた批判もあり、間違いなく、住基ネットはそういう監視社会をつくる基盤となるだろう。

「マスコミで批判的に報道された。広報戦略が不十分だったこともあって国民に誤解が浸透してしまった。払拭に努めたい」

これは、総務省自治行政局市町村課の高原剛・住民台帳企画官が九月二六日、経済産業省の外郭団体、財団法人・ニューメディア開発協会が主催した「ICカードフェア二〇〇二」のセミナーで語ったものだ。総務省の官僚はみな同じことを言う。警鐘は、誤解としか映らないようだ。

だから、本書ではあえて住基ネットそのものの問題点に絞って検証してみた。

本来であれば、米同時多発テロ以降、治安対策としてイギリスをはじめ身分証（ＩＤ）カードの導入が各国で浮上している。こうした動きもフォローする必要があるが、今回は取材不足もあり見送った。

また、台湾でのケースも別の機会に譲りたいと思う。

余談にはなるが、台北市では希望する市民に指紋を登録してもらい、身分証の提示にかわる本人確認のサービスを近く始めるという。

例えば、住民票の写しの交付を請求する際の本人確認で、指紋が合致すれば身分証を持っていなくても交付を受けられるようになる。市のアンケートでは多くの市民が導入を支持したという。

通訳を頼んだ台湾の女性は「身分証を持っていなくて済むので、便利だと思う」と言っていた。指紋登録への抵抗は少ないようだ。しかし、彼女はこうも言っていた。

「住民票の写しなんて何年かに一度しか必要ない」

住基ネットの論議と何と似ていることだろうか。

台湾ではせっかく身分証のＩＣカード化を取りやめたというのに、公権力というのは手を替え品を替え、国民の個人情報を収集し、管理するシステムをつくりたがるようだ。それは万国共通のように思う。

執筆に当たっては、毎日新聞東京本社の朝比奈豊編集局長、同社会部の常田照雄部長、同部の小川一副部長、そしてメディア面担当だった元毎日新聞編集委員の橋場義之・上智大学文学部新聞学科教授（ジャーナリズム論）から貴重なアドバイスをいただいた。

また、取材では同僚の太田阿利佐記者、校閲では石川雅之氏のお世話になった。

最後になるが、「住基ネットの本をまとめる義務がある」と、強く出版を勧めていただいた緑風出版の高須次郎氏、そして編集では斎藤あかねさんと高須ますみさんに感謝を申し上げたい。

二〇〇二年九月二九日

朝日連峰の深まる秋を感じながら

臺　宏士

〈著者略歴〉
臺　宏士（だい・ひろし）

1966年、埼玉県生まれ。ジャーナリスト。早稲田大卒。90年毎日新聞社入社。山形支局、米沢通信部、サイバー編集部などをへて2002年4月から東京本社社会部。メディア規制法案や住基ネット、プライバシー問題などを担当。「山を考えるジャーナリストの会」事務局長。

著書に『個人情報保護法の狙い』（緑風出版、2001年）。共著に『あなたの個人情報が危ない！プライバシー保護とメディア規制』（小学館文庫、2002年）、『ＩＴ革命の虚構』（緑風出版、2002年）、『インターネット訴訟2000』（ソフトバンクパブリッシング、2000年）、『ルポ・東北の山と森——自然破壊の現場から』（緑風出版、1996年）、『検証・リゾート開発[東日本編]』（同）などがある。

危《あぶ》ない住基《じゅうき》ネット

2002年10月31日　初版第1刷発行　　定価1900円十税

著　者　臺　宏士
発行者　高須次郎
発行所　緑風出版
〒113-0033　東京都文京区本郷2-17-5　ツイン壱岐坂
［電話］03-3812-9420　［FAX］03-3812-7262
［E-mail］info@ryokufu.com
［郵便振替］00100-9-30776
［URL］http://www.ryokufu.com/

装　幀　堀内朝彦
写　植　R 企 画
印　刷　モリモト印刷　巣鴨美術印刷
製　本　トキワ製本所
用　紙　大宝紙業　　E2000

ISBN4-8461-0216-5　C0036